日本近代史を学ぶための
文語文入門
漢文訓読体の地平

Yōsuke KOTAJIMA
古田島洋介

吉川弘文館

はじめに

本書は、日本の近代史を学ぼうとする諸賢を念頭に置いて、漢文訓読体の史料を閲読するさいの問題点や注意点を指摘し、その基本的な対処法を示す性質の入門書である。書名の「文語文」は、実質上、漢文訓読体の文章を指すものと理解してほしい。

雅文体の擬古文や言文一致を旨とする口語文で記された史料の読解も、近代史の学習には欠かせまい。しかし、近代の史料読解における最大の難関が漢文訓読体の文章であることは間違いなかろう。口語文の読解は、極度に難解な史料でないかぎり、何とかなるだろうとの見通しくらいはつく。雅文体の擬古文についても、一般の古文の学習によって対処が可能であろうし、また、それしか対処法がないというのが実情である。もちろん、それと同じく、漢文訓読体の文章の閲読も、漢文の学習で対処が可能ではないか、それしか対処法がないではないか、との声が挙がるだろう。たしかに、そのとおりなのである。漢文を学習する機会が十分に提供されてさえいれば。

ところが、昭和二十年（一九四五）の敗戦このかた、漢文教育は衰退の一途。現代中国語教育の普及も相俟《あいま》って、漢文に返り点と送り仮名を付けて読む日本古来の読解方式、すなわち漢文訓読法を丁寧に教える場が、今やほとんどなくなってしまった。

中学校の漢文学習は、ほぼ児戯に類するだろう。返り点や送り仮名に多少とも馴染み、成語故事を少々、漢詩をこれまた少々こなすだけだ。高校の漢文教育も当てにならない。国語の教科書に漢文の教材が載っているのに、まったく教えることなく、黙って通りすぎてしまう教員も少なくないと聞く。いわゆるセンター試験を受ける高校生が付け足り程度に漢文を学ぶだけ、というのが偽らざる現状ではないのか。大学に入っても、一般に中国文学科では訓読法を指導しない。漢文つまり古典中国語も現代中国語で発音してしまうのが通例で、訓読法など時代遅れの古臭い方法だと蔑《さげす》む雰囲気さえ濃厚だという。国語科教員免許状の取得を目指す学生も、漢文はお座なりに勉強するのみ。大学で訓読法の必要性が最も高いのは、おそらく日本史学科をはじめとする東アジア関係の史学科であろう。しかし、史学科と名乗る以上、訓読法の説明に多くの時間を割《さ》いてはいられまい。たまたま読解の対象となった史料に即して最低限の必要事項をざっと解説するのが関の山、とうてい本質的かつ体系的な説明を加える余裕はないだろう。

有《あり》り体《てい》に言って、現在、まともに訓読法を教えているのは、正規の教育機関ではなく、優れた講師を擁する一部の予備校だけなのである。センター試験を受けず、予備校に通った経験もなく、たとえ通ったとしても漢文の授業には出席しなかったとなれば、訓読法に関する知識は皆無も同然、漢文の実力は零《ゼロ》に近いと称して過言ではあるまい。

まことに情けないかぎりの現状である。漢文教育さえ充実していれば、その知識の応用で、漢文訓読体の文章も何とか読めるはずだ。けれども、漢文教育が無惨なまでに貧弱な今日、枉《ま》げて順序を逆転させ、漢文訓読体の史料を素材として訓読法に対する認識を深めてもらうしかない。どうにも遣り切れない思いのする本末転倒だが、暫くは忍の一字、いつの日か漢文教育が充実し、それなりの学習態勢が整えば、ほどなく本書はお払い箱となるだろう。その日がやってくるまでのつなぎとして、本書の内容が些少とも役に立てば幸いである。

目　次

図表目次

凡　例

一　本書の第一〜四章で用いる主な史料は、左の三書である。
◇福沢諭吉『学問のすゝめ』明治五〜九年（一八七二〜七六）刊
◇福沢諭吉『文明論之概略』明治八年（一八七五）刊
◇久米邦武『米欧回覧実記』明治十一年（一八七八）刊

二　右の三書については、参照の便を図るべく、次の三冊を基準とする。いずれも校訂本である。
◇岩波文庫『学問のすゝめ』（岩波書店、一九七八年改版）
◇岩波文庫『文明論之概略』（岩波書店、一九九五年）
◇岩波文庫『米欧回覧実記』（三）（岩波書店、一九七九年）
・引用文の所載箇所は、左掲の〔例〕の如く、略題に算用数字で頁数（三桁）と行数（一桁）を付して示す。
・行数については、空行を算入しない。また、行数に略号 f.l.（from the left）を添えた場合は、該当頁の後方（左端）から数えた行数の意である。
・引用文が複数頁または複数行にまたがる場合も、当該の引用文が始まる頁数と行数のみを記す。
〔例〕・『すゝめ』014-3　→一四頁の第三行または第三行以下
・『概略』123-5 f.l.　→一二三頁の後ろから数えて第五行または第五行以下
・『実記』206-7　→二〇六頁の第七行または第七行以下

三　本書の性格上、漢字は常用字体を原則とするが、引用文の仮名遣いについては、字音仮名遣いをも含め、歴史的仮名遣いを用いる。

四　第五章の《明六雑誌》については、右の二・三と異なる措置を講ずる。該当個所（↓163頁）の解説を参照のこと。

五　文法に関する説明には、次の略号を用いる。

〈品詞〉N（noun）＝名詞　V（verb）＝動詞

〈構文〉S（subject）＝主語　V（verb）＝動詞　O（object）＝目的語

六　漢文訓読に不慣れな読者をも想定し、引用した漢文に置き字があれば、訓読文において「而《φ》」のごとく「φ《ファイ》」（数学で空集合《くうしゅうごう》を表す符号）を左傍に付け、訓読にさいして発音しないことを示す。

七　「訓読《くんどく》」と「訓読《くんよ》み」については、送り仮名「み」の有無を以て表記を区別する。

第一章

漢文訓読体とは何か？

近代の史料解読は、古代・中世あるいは近世の史料解読に比べると、どことなく安心感が漂うかもしれない。時代が遠く隔たっているわけではなく、晦渋な純粋漢文や厄介な変体漢文に悩まされる危険も少ないうえ、何かと文脈のねじくれた純粋和文がまとわりついてくる比率も低いとなれば、たしかに解読という点での負担は相対的に軽く見えるだろう。「とにかく丹念に調べさえすれば何とかなる」。その心意気や善し。なるほど、史料に見える年代・人名・地名などに調査が行き届けば、あとは事件の経緯の分析や人物関係の解釈などに専念できるはずだ。むろん、基礎的な調査とて容易と称するには程遠く、年代がどうしても確定できない場合もあれば、無名の人物が頻出して雲をつかむような話に陥ったり、傍証となる史料が見当たらず、事件の裏付けがまったく取れずに終わったりする場合もあるだろう。しかし、それを乗り越えようとするのが、また実際に乗り越えてゆくのが、歴史研究の醍醐味に違いない。壁に突き当たったとたんに意気阻喪《いきそそう》するようでは、そもそも史学の徒となる資格が疑われるわけだ。

　ところが、である。いざ調査に乗り出し、分析・解釈に取りかかる場面にまで持ち込むには、大きな前提があるはずだ。それは、史料の日本語そのものが読めていることである。史料が正しく読解できていなければ、分析・解釈どころではない。誤読から誤解が生じ、最悪の場合には、すべての調査や分析・解釈が水泡に帰す可能性すらあるだろう。史実を正確に捉えるには、何よりもまず史料の日本語が正しく理解できていなければならない。実のところ、ここに落とし穴があるのだ。

　和文脈の色彩が濃い史料であれば、古語辞典と首っ引き、たとえ十全な理解が望めなくとも、どこがわからないのかはわかるだろう。理解可能な部分と理解不可能な部分が截然《せつぜん》と分かれるだけでも、まことに有り難いわけである。候文《そうろうぶん》も然《しか》り。たしかに今日の我々にとって候文は読みづらい。けれども、「被下度《くだされたく》」だの「奉願候《ねがひたてまつりさうらふ》」だの、とにかく定型表現が多いので、それに慣れてしまいさえすれば、少なくともどこがわからないのかは明確になるだろう。理解できない箇所が明らかになればしめたもの、あとはその字句に目を凝らし、文脈に照らして知恵を絞れば、暫定的な解釈くらいは出てくるはずだ。

　ところが、漢文訓読体の文章となると、そうはゆかぬ。なぜなら、漢文訓読体は、どこがどうわからないのかがわかりづらいからだ。さらに正確に言えば、わかったつもりでいながら実はわかっていないということに甚だ気づきにくいのである。これこそが漢文訓読体の文章に潜む危険性にほかならない。どのような危険があるのかを常に強く意識しておかないと、とんでもない誤読を犯し、しかもその誤読に気づかぬまま通り過ぎてしまう。これが漢文訓読体の恐ろしさだ。まさに油断大敵。一瞬たりとも注意を怠ると、思わず知らず誤読という落とし穴にはまってしまうのである。

第一節　文体としての位置付け

ここに謂《い》う漢文訓読体とは、日本語における文語体の散文のうち、和漢混淆《こんこう》体の一種、その名のとおり漢文の訓読に由来する文体である。いわば漢文の直系の子孫であり、漢文脈の色彩が濃厚だ。「漢文訓読調」「漢文直訳体」「漢文読み下し風」「漢文書き下し体」などとも呼ばれ、略して「漢文体」「漢文調」。もはや耳遠くなった異称として「漢文崩《くず》し」という呼び名もある。ただし、統語構造《シンタックス》は原則として日本語に従い、表記形式は漢字仮名交じりとなる。

今、純粋漢文と純粋和文とを対極に配し、殊に明治期前半における種々雑多な文体の混沌状態を念頭に置きつつ、ざっと歴代の日本語の文語体（散文）を分類して一覧を作成してみれば、漢文訓読体の位置付けは〈表1〉のようになろう。

〈表1〉のうち、近代すなわち明治期から敗戦時まで（一八六八〜一九四五）の史料において主たる役割を果たした文体は、太字《ゴシック》で示した純粋漢文、変体漢文の一種たる候文、漢文訓読体とその変種の欧文直訳体、和漢混淆文の和漢折衷体・普通文・講述体、そして擬古文の合計五体八種であろう。

純粋漢文は、時の流れとともに表舞台から姿を消していったが、特に明治期には依然として知識人のあいだで盛んに用いられ、書物に寄せた序文などが純粋漢文で綴られていることは珍しくない。韻文ゆえに〈表1〉には載せていないが、漢詩もなお健在で、事件に対する感慨を述べたり、書簡代わりに使われたりして、時おり史料にも顔をのぞかせる。近代史の史料読解に漢詩文の知識は欠かせない。

変体漢文の一種である候文は、主として書簡に用いられた。ただし、明治初期、一般庶民に対して公布される公用文が候文で書かれていたことも忘れてはなるまい。

〈表1〉文語体（散文）分類一覧

文体色彩	漢文脈					和文脈			
統語構造	古典中国語		日本語						
文体（語彙・語法・表現など）	**純粋漢文**	和漢混淆体：変体漢文（和化漢文）記録体（東鑑体）	和漢混淆体：**候文**	和漢混淆体：**漢文訓読体**	和漢混淆体：**欧文直訳体**	和漢混淆体：和漢混淆文 **和漢折衷体** **普通文** **講述体**〈口語系〉 俗文体〈口語系〉	宣命《せんみょう》体	**擬古文**（雅文体）	純粋和文
表記形式	漢字	漢字仮名交じり							仮名

＊「表記形式」欄の「仮名」は、万葉仮名をも含む。

漢文訓読体は、遠くは鎌倉時代初期の鴨長明『方丈記』など、近くは江戸時代の漢学者たちの文章に見られる文体で、殊に明治期には豊かな漢学の素養を持つ政界・法曹界・医学界・教育界および言論界などの知識人たちが好んで用いた。欧文直訳体は、その変種と見てよいだろう。古典中国語を逐語的に日本語に置き換える漢文訓読の営みが、そのまま欧文に横滑りしたわけである。

ただし、多数の文章はいわゆる和漢混淆文であり、明治初期の啓蒙書などには、漢文訓読体に和文脈・俗文体の要素を織り交ぜた和漢折衷体や口語系の文語文たる講述体が多く用いられ、明治二十〜三十年代には、さらに和漢折衷体に欧文直訳体・講述体・俗文体など種々の要素を交えた普通文と呼ばれる文体が成立した。

一方、江戸時代の国学の影響も強く残り、数こそ少ないものの、擬古文も無視できない存在である。純粋漢文と同じく、次第に姿を消してはいったが。

右のうち、本書が目的とするのは漢文訓読体の読解である。粗く見ても五体の一、細かく数えれば八種の一にすぎない。にわかにこれを聞くと、甚だ不安になるだろう。せいぜい一割から二割を覆うだけなのか、と。しかし、案ずることなかれ。漢文訓読体の何たるかを承知しておきさえすれば、その変種の欧文直訳体はもちろんのこと、漢文訓読体の要素を取り入れた和漢折衷体・普通文の読解にも大きな効果を発揮する。候文の読解にも、それなりの応用が利くだろう。さすがに純粋漢文にまでは手が届かず、擬古文も対象外、ましてや〈表1〉に見えない漢詩に至っては別席での講釈にゆだねるしかない。けれども、漢文訓読体に関する理解・認識を深めておけば、かなり広い範囲にわたる文体について対処が可能となるはずだ。言文一致を旨とする口語体の文章にも時として漢文訓読に由来する表現が現れる。さらに言えば、ほぼ口語体一色の現代文でさえ、訓読表現が皆無というわけではないのだ。

本書は漢文訓読体の読解を目的としているが、越えて和漢折衷体・普通文なども視野に入れていることは断っておきたい。いわば緩《ゆる》い意味での漢文訓読体が説明の対象である。漢文訓読体を骨格とする和漢折衷体・普通文にも少なからず訓読表現が立ち現れることは、紛れもない事実なのだから。

第二節　本質的原理

では、漢文訓読体には、どのような特徴が見られるのだろうか。おそらく、一般には「漢文の書き下し文みたいなもの」と理解されているのではないか。たしかに、そう考えておけば、取り敢えずは間違いない。実際、漢文訓読体は、その簡勁《かんけい》な響きにおいて書き下し文とほとんど変わらず、その漢字仮名交じりの目映りにおいても書き下し文と同一の体裁だからだ。

軽重、長短、善悪、是非等の字は、相対《あひたい》したる考《かんがへ》より生じたるものなり。軽あらざれば重あるべからず、善あらざれば悪あるべからず。(『概略』015–3)

こうした漢文訓読体の文章が、口調においても体裁においても、たとえば次のような漢文の書き下し文に似ていることは、何人《なんびと》も否定し得ないだろう。

・我《われ》は賈《こ》を待《ま》つ者《もの》なり。（『論語』子罕）
・君子《くんし》重《おも》からざれば則《すなは》ち威《ゐ》あらず、学《まな》べば則《すなは》ち固《こ》ならず。（『論語』学而）
・不仁者《ふじんしゃ》は以《もつ》て久《ひさ》しく約《やく》に処《を》るべからず、以《もつ》て長《なが》く楽《らく》に処《を》るべからず。（『論語』里仁）

もっとも、「漢文の書き下し文みたいなもの」では、漠然とした印象を免れがたい。具体的に何が共通しているのか。口調と体裁が似ているにすぎないのか。そして、「みたいなもの」と言うからには、完全に同一視しているわけではなく、何かしら違いがあるはずだとの直観も働いているのではあるまいか。そうだとすれば、いったい何が相違しているのか。まずは漢文訓読体と書き下し文との共通点を考えてみよう。

一　書き下し文との共通点——《語義従漢原理》

漢文訓読体と書き下し文が発音の点でも表記の点でも互いに酷似していることは、改めて確認するまでもないだろう。漢字の発音は音訓を取り混ぜた日本語としての読み、表記も勝手知れたる漢字仮名交じり文。加えて、語順その他の統語構造《シンタックス》も日本語だ。だれしも書き下し文や漢文訓読体を外国語とは思うまい。

ところが、ここに落とし穴がある。語句の意味は、果たして日本語なのだろうか。次の書き下し文を見てほしい。荘子《そうじ》が干涸《ひか》らびた髑髏《しやれこうべ》に「もとの人間にもどしてやろうか？」と問うたところ、髑髏が「南面する王者が現実の世界を楽しむ以上に、私は死後の世界を楽しんでいる」と答えたうえ、「その楽しみを棄てて再び現実の世界にもどるなぞ、まっぴら御免さ」と言った台詞《せりふ》である。

吾《われ》安《いづ》くんぞ能《よ》く南面《なんめん》の王《わう》の楽《たの》しみを棄《す》てて、復《ま》た人間の労《らう》を為《な》さんや。（『荘子』至楽）

注目してほしいのは「人間」だ。これを文字どおり「人間《にんげん》」と読んでも意味は通じる。「人間の労」つまり「人間としての苦労」を繰り返す気はないと解釈すれば、すんなり文意が汲み取れるだろう。

しかし、そもそも書き下し文とは、漢文すなわち古典中国語の原文に、返り点を以て語順変換を加え、それぞれの語句に日本語の音読み・訓読みをかぶせて、日本語として読めるよう必要に応じて送り仮名を付け加えたものにすぎない。右の例で言えば、原文「吾安能棄南面王楽、而復為人間之労乎」を「吾 安《クンゾ》 能《ク》 棄《テテ》二南 面《ノ》 王《ノ》 楽《シミヲ》一、而φ 復《タ》 為《サン》二人 間 之 労《ヲ》一乎」と加工し、それを日本語の語順・体裁に書き改めただけの存在である。どれほど語順や体裁が変化しようと、それぞれの語句については漢文すなわち古典中国語の意味が保存されているのだ。

改めて考えなおせば、「人間」は、日本語としては呉音で「ニンゲン」と読み、意味は「ひと」の意であるが、漢文すなわち古典中国語としては「俗世間、世の中」を意味し、その場合は漢音で「ジンカン」と読むのが通例である。つまり、「人間《じんかん》の労」は、「俗世の苦労」と解釈するのが正しい。最終的に「人間《にんげん》としての苦労」「人間《にんげん》界での労苦」などと訳すのは、読み手の裁量しだいである。しかし、「人間」の二字は、あくまで古典中国語「人間《じんかん》」として、まずは「俗世間、世の中」の意に解さねばならない。

こうした事情は、そのまま漢文訓読体にも当てはまる。漢文訓読体である以上、不用意に日本語の意味で語句を解釈してはいけないのだ。

・都《すべ》て人間万事遊嬉宴楽《いうきえんらく》のことに至るまでも、人々《にんにん》その事を共にしてその好尚《かうしやう》を別にするもの多し。（『概略』018–5 f.l.）

・盗賊殺人は人間の一大悪事なれども、西洋諸国にて物を盗む者あり人を殺す者あり。（『概略』028–5）

・（文物の発掘・探求によって）往時《わうじ》ノ金盌《きんわん》人間ニ出《い》デ、各都府ニ博古博物ノ館ハ起《おこ》レリ。（『実記』071–8）

・陶器ノ製作ハ、人間日用ニツキ、容易ニ発明シ得《う》ルヘ《べ》キ工《わざ》タリ。（『実記』092–1）

いずれも「人間《じんかん》」すなわち「俗世間、世の中」と解釈すべき例である。第三例を除けば、「人間《にんげん》」つまり「ひと」と理解しても文意が通じてしまうから質《たち》が悪い。特に第一例は、諺「人間万事塞翁《じんかんばんじさいをう》が馬《うま》」（『淮南子《ゑなんじ》』人間訓《じんかんくん》）を「人間《にんげん》万事……」と読む習慣（悪習？）が広まっているため、つい「人間《にんげん》」つまり「ひと」と解釈しがちである。ややこしい話ではあるが、たとえ俗習に妥協して「人間《にんげん》」と読んだとしても、「俗世間、世の中」の意に解さねばいけない。

要するに、和漢異義語すなわち日本語と漢文つまり古典中国語とで意味の異なる語句に出逢ったときは、和よりも漢を優先するのが、漢文訓読体の原則である。和漢異義語については、第二章で改めてまとめることにしよう。

もっとも、和漢異義語とまではゆかず、意味に微妙なずれが感じられる程度にとどまる場合もある。たとえば、次のような「ミナ」だ。

・此日《このひ》質入両人《しちいれりやうにん》アリ、ミナ婦人ナリキ（『実記』077–3 f.l.）

・此牢《このらう》ニモ放火犯ノモノ二人ニ面接セリ、ミナ其《その》入牢永《なが》シ（『実記』346–8）

それぞれ「当日、質入れに来た二人は、みな女性であった」「この牢獄でも二人の放火犯と顔を合わせたが、みな長年にわたって服役していた」意だが、二人を「みな」と括る言葉遣いには、日本語の文章感覚として少し違和感を抱くだろう。人数が二人だけならば、「どちらも」「いずれも」または「ともに」などで受けるほうが自然に聞こえる。けれども、この「みな」の実体は漢文の「皆《みな》」だと考えれば、語感に逆らって響くことはない。漢文の「皆」は複数のものを一括《ひとくく》りにする語であり、複数という以上、わずか二人であっても差し支えないからだ。たとえば、次の例文に見えるような「皆」である。

張玄之《ちやうげんし》・顧敷《こふ》は、是《こ》れ顧和《こわ》の中外孫《ちゆうぐわいそん》にして、皆《みな》少《わか》くして聡恵《そうけい》なり。

（張玄之・顧敷ハ、是レ顧和ノ中外孫ニシテ、皆少クシテ而聡恵也／『世説新語』言語）

＊張玄之・顧敷・顧和＝いずれも人名。

「皆」が、張玄之と顧敷の二人を受ける副詞として用いられている。この種の「皆」は「偕」に同じと見なして「皆《とも》に」と訓ずることもできるが、そのまま右のように「皆《みな》」と読んでしまうことも多い。発音は日本語「みな」でも、語義は漢語「皆」に従っているのである。ただし、現代日本語でも、母親が二人の子どもに向かって「みんな、ご飯だよ」と呼びかけるのは、ほぼ自然に響くだろう。二人を「みな」で受けても、ささやかな違和感にとどまるゆえんである。「人間《じんかん》」のように発音も意味も日本語と明確に相違する語もあれば、二人を括る「皆《みな》」のごとく日本語とは些少のずれですんでしまう語もあるわけだ。

ただし、このような単語の次元にとどまらず、相関語句の類でも同じことが起きる。たとえば、左のような漢文訓読体の一文だ。

独立の塾に居《をり》て独立の新年に逢ふを得《う》るは、また悦《よろこ》ばしからずや。（『すゝめ』047-4）

福沢諭吉の文章ゆえに、予想どおり「塾」は慶應義塾を指す。独立した慶應義塾において、独立国たる日本の「明治」という年号のもと、明治七年（一八七四）の元旦を迎えた喜びを述べた件《くだり》だが、一読したとたん、次の『論語』冒頭の字句が脳裡に浮かぶだろう。

学《まな》んで時《とき》に之《これ》を習《なら》ふ、また説《よろこ》ばしからずや。（『論語』学而）　＊説＝悦

似ているどころか、漢文訓読体と書き下し文との字句が完全に一致する例である。由って来たる出典が明らかな点で、大いに安心できるに違いない。けれども、この「また悦《よろこ》ばしからずや」はどのような意味かとなると、果たして安心したままでいられるだろうか。要は「また」の解釈である。通常の日本語の語感で受け取れば、「これまた、やはり同じく」の意に解するのではなかろうか。

しかし、この解釈は、少し雲行きが怪しいのである。なぜなら、『論語』の原文は「不亦説乎」であり、「不亦〜乎」で一つの表現を成しているからだ。これは「亦《ま》た〜ずや」（不二亦タ〜一乎）と訓読し、反語「なんと〜ではないか」から転じて、ほとんど詠嘆「なんと〜なことだろう」の意を成す表現である。敢えて日本語「また」に付き合えば、「なぜまた、こんなことになったのかね？」「またどうして、そんなまねをしたのかい？」などの「また」、すなわち意外の念や不審の念を強める「また」に近く、「これまた、やはり同じく」の意味ではない。一種の強勢語としての「また」だ。つまり、右のような一文に出逢ったときは、「また」一語を独立させて解釈することなく、「また〜ずや」という言い回しに注目して理解しなければいけないわけである。

もう一つ例を挙げてみよう。今度は「得《え》て」を含む一節に注目してほしい。

自《みづ》から喰《くら》はざれば、物の真味《しんみ》は得て知るべからず（『概略』284–6）

この「得て」も、ふつうの日本語の語感では「手に入れて」の意に響くはずだ。そこで、何となく違和感を覚えながらも、たぶん「自分で食べてみなければ、食べ物の本当の味は手に入れて理解することができない」の意味だろうと、つい曖昧なまま遣り過ごしてしまうのではなかろうか。なまじ律儀に手もとの国語辞典なぞで「得て」を調べると、「ともすれば」あるいは「ともすると（～しがちだ）」などとあり、同義語として「得てして」も記されている（『広辞苑』ほか）ので、「食べ物の本当の味はわからずじまいになりがちだ」とでも解釈し、それこそ身勝手に納得してしまいがちだ。

問題の「得て」を正しく理解するためには、「得て」に動詞「知る」が下接し、さらに「べし」が続いている点に注意せねばならない。次のような書き下し文に見える「得て」の用法と一致するのである。

夫子《ふうし》の文章《ぶんしやう》は、得《え》て聞《き》くべきなり。（『論語』公冶長）

『論語』の原文は「夫子之文章、可得而聞也」。肝腎の四字は「可《シ》㆓得《テ》而φ聞《ク》㆒」（得《え》て聞《き》くべし）と訓読し、「聞くことができる」意となる。この種の「得」は、英語の〈can, be able to〉と似たような語だ。表現の長短については融通が利き、二字「得《タリ》㆑V《スルヲ》」（Vするを得《え》たり）または三字「得《テ》而φV《ス》」（得《え》てVす）でも「Vすることができる」意。

右のように、さらに可能を表す「可」を冠し、四字「可《シ》㆓得《テ》而φV《ス》㆒」（得《え》てVすべし）としても同義である。つまり

「物の真味は得て知るべからず」は、あっさり「食べ物の本当の味はわからない」と解釈するのが正しいわけだ。日本語「得《え》て」をどれほどいじくりまわしてみても、「〜できる」意にはなるまい。やはり「得て」一語を切り離すことなく、下文の「知る」や「べし」と組み合わせて捉え、漢文すなわち古典中国語の語義に即して解釈しなければいけないのである。

〈表2〉漢文訓読体と書き下し文の共通点

発音	表記	統語構造	語義
日本語			古典中国語
			＝《語義従漢原理》

右に観察したように、単語そのものとしての和漢異義語にせよ、他の字句と組み合わせて解釈すべき相関語句の類にせよ、語義は古典中国語つまり本来の漢語の意味に従うのが、漢文訓読体と書き下し文に共通する原理だ。これを仮に《語義従漢原理》と名づければ、両者の共通点は〈表2〉のように整理できる。

目にも耳にも日本語であるとはいえ、そして語句の排列も日本語だとはいえ、語義のみは漢文すなわち古典中国語の意味に従う。これが書き下し文と相通ずる漢文訓読体の特徴だ。外見は日本語、内実は古典中国語。いわば面従腹背の存在なのである。

二　書き下し文との相違点——《原文不在原理》

次に考察すべきは、漢文訓読体と書き下し文との相違点だ。贅言を避けるため、前掲の例を再び左に録してみよう。互いに字句がまったく一致する例である。

・〔漢文訓読体〕また悦《よろこ》ばしからずや。（『すゝめ』047-4）
・〔書き下し文〕また説《よろこ》ばしからずや。（『論語』学而）

「〈悦〉と〈説〉では、字が異なるではないか」と言うなかれ。『論語』が編纂された当時は、まだ「説」字しかなく、後に「説く《と》」意ならばそのまま「説」、「説ぶ《よろこ》」意については「悦」と書き分けるようになったのだから、この一句では、前《さき》にも「＊説＝悦」と注記したように（↓10頁）、「悦」と「説」は実質的に同一の字なのである。

では、両者はどこが違うのか。実のところ、答は単純だ。あまりに当然のことなので、かえって気づきにくいかもしれないが、それぞれに書き添えた出典の意味合いに注目してほしい。漢文訓読体の出典『すゝめ』047-4は、『すゝめ』当該頁の当該行に「また悦《よろこ》ばしからずや」があることを意味するだけだ。単に引用文の所在を示すにすぎない。ところが、書き下し文の出典「『論語』学而」は、『論語』の学而篇に「また説《よろこ》ばしからずや」が見えるのはもとより、その書き下し文の出《い》で来《き》たった原文「不亦説乎」も記されているとの意にほかならない。引用文の所在のみならず、その原文の所在をも示しているわけだ。これが両者の決定的な違いなのである。換言すれば、書き下し文には必ず原文たる漢文が存在し、容易に原文へ遡《さかのぼ》ることができるが、漢文訓読体には原文たる漢文が存在せず、原文へ遡ろうにも遡りようがない。

前に書き下し文との共通点を観察したさいも、「人間」「皆」「得て」などについて、それぞれ同一の語句または同一の訓読表現を漢文に探し求めたものの、当該の漢文それ自体を書き下したものが漢文訓読体というわけではない。たとえば、前掲の漢文「夫子之文章、可得而聞也」（夫子之文章ハ、可㆓得テ而φ聞ク㆒也／『論語』公冶長）を書き下すと、当然のことながら書き下し文「夫子《ふうし》の文章《ぶんしやう》は、得《え》て聞《き》くべきなり」になるだけだ。ただちに漢文訓読体「自《みづ》から喰《くら》はざれば、物の真味《しんみ》は得て知るべからず」（『概略』284-6）が生じることはない。漢文訓読体は、あくまで漢文の語句や訓読表現を応用したものにすぎず、どこをどう探しても原文たる漢文「不自喰、物之真味不可得而知」（不㆓自カラ喰ハ㆒バ、物之真味ハ不㆑可㆓得テ而φ知ル㆒）は存在しないのである。「また悦《よろこ》ばしからずや」（『すゝめ』047-4）のように、まるごと漢文「不亦説乎」（『論語』学而）を取り来たり、書き下し文「また説《よろこ》ばしからずや」と完全に一致する例は、甚だ稀な存在にすぎない。

今、これを仮に《原文不在原理》と名づけてみると、この原理から、漢文訓読体の特徴として、少なくとも三つの現象が浮かび上がってくるだろう。第一は、漢文から遊離していることに起因する漢文意識の稀薄化。第二は、漢文に溯れないためにもたらされる語義や文意の不確定。そして、第三は、漢文の拘束を免れているがゆえに生じる和文要素の混入である。

（1）漢文意識稀薄化現象

常に原文とともにある書き下し文であれば、漢文への意識が薄まる可能性は低いだろう。次のような流れ図が、おおむね脳裡に描かれているからだ。

〔原　文〕苟得其養、無物不長（『孟子』告子上）

↓

〔訓読文〕苟クモ得レバ二其ノ養ヒヲ一、無シ二物トシテ不ルハレ長ゼ

↓

〔書き下し文〕苟《いやし》くも其《そ》の養《やしな》ひを得《う》れば、物《もの》として長《ちやう》ぜざるは無《な》し。

（もし正しく養い育てれば、どのような物でも必ず生長する）

しかし、原文が存在せず、取り敢えずは日本語の体裁・発音をまとった漢文訓読体となると、ややもすれば漢文に

対する意識が稀薄化し、漢文訓読体を閲読しているのだという認識を失いがちがちである。

人として美服美食を好まざる者なし。(『すゝめ』074-2)

もし近くに原文「無人不好美服美食」(無《シ》二人《トシテ》不《ルモノ》レ好《マ》二美服美食《ヲ》一)が記されていれば、ただちに右にも見える「無《シ》二N《トシテ》不《ザルハ》レV《セ》」を応用した訓読表現だとわかるはずだ。すぐさま二重否定「無…不…」を相殺《そうさい》して「N皆V《ス》」すなわち「人皆《みな》好む」と読み換え、あっさり「人はだれでも美しい衣服や美味《おい》しい食べ物が好きだ」と解釈できる。けれども、実際には原文がどこにも見当たらない。となると、やおら日本語「人として」に付き合い、「人として、そのような惨《むご》いまねはできない」のような「人として」と同じだろうと考え、つい「人というものは」「人間である以上」などと大げさに理解してしまいがちだ。それでも十分に意味が通じるだけに、訓読表現「人として」の語感を取り違えたことに気づかぬまま通り過ぎてしまうのである。

この「人として」を「人というものは」「人間である以上」と解するのが大げさなことは、次のような類例を見れば明らかだろう。

天下、処《ところ》として事をなすの地位あらざるはなし。(『すゝめ』095-4)

これについても、仮に原文「天下無処不有為事地位」(天下無《シ》二処《トシテ》不《ザルハ》レ有《ラ》二為《スノ》レ事《ヲ》地位一)があれば、やはり二重否定「無…不…」を互いに打ち消して「N皆V《ス》」すなわち「処皆《みな》有り」と読みなし、「(今の)世の中は、あらゆる方面に仕事をする地位が用意されている」と解釈できる。この「処として」を「場所というものは」「場所である以上」

などと解するのは、甚だ不自然だろう。
結局は、前述の《語義従漢原理》について重ねて注意を促しているだけのことである。体裁・発音が日本語であるばかりでなく、原文たる漢文も存在しないため、いっそう漢文に対する意識が薄まりがちな点に、改めて注意を喚起しているわけだ。漢文訓読体は、いわば二重の意味で漢文から遠ざかっているのである。この点には、どれほど注意しても注意しすぎることはない。第二章以下、種々の必要に応じ、再三にわたって同じ注意を繰り返すことになる。

（2）語義文意不確定現象

これは最も戸惑う現象で、おそらくは漢文訓読体が文体として本質的に抱え込んでいる致命的な欠陥と称しても過言ではあるまい。漢文の訓読表現を用いつつ原文たる漢文が存在しないという事実は、読み手にとって悩みの種としか言いようがないのである。

たとえば、漢文には「以是」と「是以」という二種の表現がある。「以是」は「以《テ》レ是《ヲ》」（是《これ》を以《もっ》て）、「是以」は「是《ヲ》以《テ》」（是《ここ》を以《もっ》て）と訓読するのが通例だ。もし書き下し文に「是を以て」とあれば、ただちに原文に溯って語順を確認し、「是《これ》」なのか「是《ここ》」なのか、読みを確定することができる。

ところが、漢文訓読体に「是を以て」が現れると、一瞬はたと立ち止まってしまうのだ。原文が存在しない以上、書き手が「以是」のつもりで書いたのか、「是以」を念頭に置いて記したのか、どうにも不明確なのである。両者の語義が大きく異なるのであれば、いずれが適切なのかは、文脈によって判断できる。しかし、この二つの表現の意味には微妙な差異があるにとどまり、常に文脈頼みですっきり解決とはゆかない。

「是《これ》を以て」（以是）は、前置詞「以て」の主な三つの意味、すなわち①「原因・理由」、②「手段・方法」、③「素材・材料」のいずれかに従って解釈することになる。むろん、代名詞「是《これ》」の指示内容は、文脈から捻《ひね》り出すわけだ。

それに対して、「是《ここ》を以て」(是以)は、二字で一つの接続詞に等しく、かつては「是《こ》の以《ゆゑ》に」とも訓じられたように、「したがって、それゆえに」の意味となる。これが「是《これ》を以て」の①「原因・理由」と接近していることは、言うまでもないだろう。果たして「是《これ》を以て」なのか「是《ここ》を以て」なのか、読みも意味も今一つ決めかねる場面に見舞われるわけだ。

(普国《プロシア》は)外国ニ貿易シ、海外ノ遠地ニモ航通スレトモ《ど》、英仏ノ両国、海商ヲ事トシ、製造元品ヲ、常ニ遠地ヨリ輸入シテ、自国ノ製作ヲ加ヘ、又外国ニ輸送シ、市儈《しくわい》ノ利ニヨリ、国ヲ富《とま》スノ目的トハ異ナリ、是ヲ以テ其《その》武巧ノ外《ほか》ハ、甚タ《だ》遠国ニ著《あらは》レザレトモ《ど》、其国是《こくぜ》ヲ立《たつ》ルハ、反《かへつ》テ我《わが》日本ニ酷タ《はなはだ》類スル所アリ(『実記』298–5)

ここに見える「是ヲ以テ」も、「是《これ》を以て」の①「原因・理由」つまり「これを理由として」でも通じるし、「是《ここ》を以て」すなわち「したがって」でも通じる。原文が存在しない以上、いずれが正しいのか、どうにも確定しようがない。

次の例の「是ヲ以テ」は、たぶん「是《ここ》を以て」かと思われるが、やはり「是《これ》を以て」でも文意は通じる。

西洋ノ風ハ、常食ニ麪包《バン》ヲ用フ、故ニ台所ニテハ、只羹《あつもの》ト肉汁トヲ調スルニ過キス《ぎず》、是ヲ以テ庖厨《はうちゆう》簡易ニシテ善辨《ぜんべん》スルコト、此《この》類ナリ(『実記』322–1)

左の二例は、おそらく「是《これ》を以て」と読むのが適切だろうと考える。

・此人《この》（＝パリの聾唖学校の創立者）子《こ》ナシ、是ヲ以テ後ニ遺《のこ》シテ、世界ノ唖児《あじ》ヲ救ヘリ（『実記』152–8 f.l.）

・白耳義《ベルギー》ノ人民ハ、三種ノ言語ヲトル、仏国ノ境ヨリ、中央ノ諸州ハ……仏語ヲトル、今政府、官庁、学校、ミナ是ヲ以テ国語トス（『実記』178–7）

もっとも、書き手が「是《これ》を以て」と「是《ここ》を以て」の読み分けを承知しつつ「是を以て」と記したのならば、書き手自身どちらでもよいと思っていた可能性がなきにしもあらずであるから、さほど神経質になるまでもない、と開き直ることもできるだろう。たしかに、読みなぞ意に介さず、とにかく「したがって、それによって」と解釈してさえおけば、文意を汲み取るのに支障はないわけだ。

しかし、管到《かんとう》の問題が生じると、大いに始末が悪い。管到とは、ある語がその下方の語句のどこまでを支配するか、ということだ。要するに、上の言葉が下に掛かってゆく範囲である。たとえば、次のような言い回しが現れたとたん、漢文訓読体の読解は雲行きが怪しくならざるを得ない。

あるいは我《わが》ためには新《しん》にして奇《き》ならずといふも可なり（『概略』010–7）

これが書き下し文であれば、速やかに原文に溯り、「不㆓新《ニシテ》而《φ》奇《ナラ》㆒」なのか「新《ニシテ》而《φ》不㆑奇《ナラ》」なのかを確認すればよい。前者ならば、「不」の管到は「新而奇」の三字すべて、つまり「〈新〉でも〈奇〉でもない」＝「目新しくも奇妙でもない」意。後者だとすれば、「不」の管到は「奇」一字にとどまり、「〈新〉ではあるが〈奇〉ではない」＝「目新しいとはいえ、奇妙ではない」意になる。ところが、原文不在の漢文訓読体では、「不」の位置を確認するすべがないため、もっぱら文脈に頼って判断するしかなく、どちらが正しいのか決めかねる場面も十分に生じ得る。この

「新にして奇ならず」は、たぶん後者の意味だろうと思うけれども。

その挙動もまた暴《ばう》にして愚《ぐ》ならざるを得ず（『概略』107-3)

この例は、おそらく「其《ノ》挙動《モ》亦《タ》不レ得レ不《ルヲ》二暴《ニシテ》φ而愚《ナラ》一」すなわち「不」＝「ざる」の管到を「暴而愚」の三字と解し、「〈暴〉でも〈愚〉でもないとはゆかない」＝「乱暴で愚劣である」意に理解すべきかと思う。文脈から見ても、語法上も、原文を「……不レ得二暴《ニシテ》φ而不《ルヲ》一レ愚《ナラ》」または「……暴《ニシテ》φ而不レ得レ不《ルヲ》レ愚《ナラ》」（いずれも「不」＝「ざる」の管到は「愚」一字のみ）とは想定しづらいからだ。絶対にそうだと言い切る自信はないが。要するに、「AにしてBならず」という表現は、想定される原文が「不二A《ニシテ》φ而B《ナラ》一」「A《ニシテ》φ而不レB《ナラ》」の二つに分岐するため、ただちに意味を確定することができないのである。

こうした管到の問題が、一つの言い回しにとどまらず、文意にまで及ぶと、さらに事がややこしくなる。

かの薄弱なる独立を移して動かすべからざるの基礎に置き（『すゝめ』053-2)

「いかにも心もとない独立状態を、強固な基礎のうえに据《す》える」――大意はわかりやすい。ところが、厳密に考えると、どうにも曖昧に響いて仕方ない一文なのである。「独立を」で切り、「移して動かすべからざる」を一続きの修飾語として「基礎」に掛けるのか。そうだとすれば、「移して動かすべからざる」の想定される原文は、「不レ可《ルカラ》二移《シテ》φ而動《カス》一」すなわち「移したり動かしたりできない」意なのか、または「移《シテ》φ而不《ル》レ可《カラ》レ動《カス》」つまり「移そうとしても動かすことができない」意なのか。それとも、「移して」で切り、「動かすべからざる」だけを「基礎」の修飾語と解するのか。見やすく整理すれば、左のごとく二種三様の解釈が成立するのである。

i　……独立を／移して動かすべからざるの基礎に置き

①不《ル》レ可《カラ》ニ移《シテ》而動《カス》一 ＝移したり動かしたりできない

②移《シテ》φ而不《ル》レ可《カラ》レ動《カス》 ＝移そうとしても動かすことができない

ii　……独立を（現在の脆弱な基礎から）移して／動かすべからざるの基礎に置き

③不《ル》レ可《カラ》レ動《カス》 ＝動かすことができない

私見によれば、③は少しく不自然、①も今一つ気の利かぬ印象のため、②の解釈を採りたい。とはいえ、②を正解とし、①・③を誤読として排斥する積極的な根拠があるわけではなく、あくまで一解にとどまる。「もし②ならば、〈移さんとするも動かすべからざる〉と記すはずではないのか?」などと反論されると、いささか気弱に「漢文訓読では〈移して動かすべからざる〉でも同じ意味を表すことができますので……」と答えるしかない。

もっとも、想定される原文が複数にわたるからといって、常に管到の不確定を引き起こすとは限らない。たとえば「一《いっ》にして足《た》らず」である。やはり二種の原文「不ニ一《ニシテ》φ而足《ラ》一」または「一《ニシテ》φ而不レ足《ラ》」を想定することが可能だが、これについては、まず間違いなく前者だろうとの判断がつく。なぜなら「不一而足」は成語と称すべき固定された表現だからだ。「不」の管到は「一而足」の三字で、必ず「一つで足りるわけもない」つまり「たくさんある、多数にのぼる」意となる。決して「不」の管到が「足」一字にとどまる「わずか一つしかなく、とても足りない」意にはならない。この種の判断を下すには、「不一而足」を成語と捉える語感を養うしかないのである。

管到の問題が最も読解に影響するのは、おそらく格助詞「の」であろう。これまた、もし書き下し文であれば、ただちに原文に溯って事は解決する。たとえば――

・丘《きう》の学を好むに如《し》かざるなり（『論語』公冶長）
・吾《われ》其《そ》の位《くらゐ》に居るを見《み》るなり（『論語』憲問）

＊「丘」は孔子すなわち孔子の自称。

第一例は、一見、「丘の」の管到を「学」のみに解して「不《ル》ㇾ如《カ》ㇾ好《ムニ》二丘之学《ヲ》一也」＝「私の学問を好むほうがよい」とも、「学を好む」までと取って「不《ル》ㇾ如《カ》二丘之好《ムニ》ㇾ学《ヲ》一也」＝「私の学問好きには及ぶまい」とも解釈できそうだが、原文を確認すれば、何ら迷うことなく後者が正しいとわかるわけである。第二例についても同様だ。「其の」が「位」一字だけに掛かるのか、それとも「位に居る」まで掛かるのか、書き下し文では判断しかねるものの、原文が「吾見《ル》ㇾ居《ルヲ》二於其《ノ》位《ニ》一也」ではなく「吾見《ル》三其《ノ》居《ルヲ》二於位《ニ》一也」だと確認できれば、すぐさま後者こそ正解だと納得がゆく。

ところが、原文不在の漢文訓読体では、こうした確認が利かない。むろん、「あたかも娼妓の客に媚《こ》びるが如し」（『すゝめ』041-6）くらいならば、まごつくことはないだろう。だれもが「恰《カモ》如《シ》二娼妓之媚《ビルガ》ㇾ客《ニ》一」＝「娼妓が客に対して媚びる」意に解するはずだ。わざわざ「恰《カモ》如《シ》ㇾ媚《ビルガ》二娼妓之客《ニ》一」＝「（だれか娼妓以外の者が）娼妓の客に対して媚びる」意味かと取り越し苦労する向きは皆無に違いない。しかし、時として「の」は質《たち》の悪さを発揮する。とりわけ右にも現れた「その」の管到には注意が必要だ。たとえば、徳川家康の不道徳ぶりを難じた一節を見てみよう。

就中《なかんづく》その太閤の遺託に背《そむき》て、大阪を保護するの意なく、特に託せられたる秀頼《ひでより》を輔《たす》けずして、かへつてその遊《いう》治《や》暗弱を養成し、石田三成《いしだみつなり》の除くべきを除かずして、後日大阪を倒すの媒妁《ばいしゃく》に遺《のこ》したるが如《ごと》きは、奸計《かんけい》の甚だしきものといふべし。（『概略』161–8）

冒頭の「その」は、どこに掛かるか。「そ」は徳川家康を指すが、読点ごとに切りつつ考えてみても、何やらはかばかしくない景色ではあるまいか。実のところ、この「その」については、次のような短文が恰好の準備練習となる。

その教師の如《ごと》きは、ただ聖経《バイブル》のみを読むにあらず（『概略』150–2）

だれが見ても「その」は、「教師」に掛かっている。ただし、「その」の直後の単語だという理由で「教師」に掛かるわけではない。「その」と「如き」に挟まれた語句だからこそ掛かるのだ。左の書き下し文を見てほしい。

其《そ》の礼楽《れいがく》の如《ごと》きは、以《もつ》て君子《くんし》に俟《ま》たん（『論語』先進）

原文は「如$_{二}$キハ其ノ礼楽$_{一}$ノ、以テ俟$_{二}$タン君子$_{一}$ニ」。この「如$_{二}$キハ其ノ〜$_{一}$ノ」を書き下せば「其の〜の如きは」となり、「其の」が掛かる語句を、「其の」と「如きは」で挟みつけることになる。すなわち、問題の一節の冒頭に見える「その」は、遠く「如きは」と呼応し、両者に挟まれた語句「太閤の遺託に背て……媒妁に遺したる」すべてに掛かるわけだ。

ただし、この「その」は、「如きは」と組み合わさっているので、まだしもである。厄介なのは、単独の「その」だ。もし「如きは」のように「その」の管到を示す語がないときは、どうすればよいのか。その場合は、他無し、文脈に即して粘り強く考えるしかない。

その本体を装《よそほ》うて光明を増すべき智恵《ちゑ》の働《はたらき》に巧拙《かうせつ》の差あればなり。（『概略』149-1 f.l.）

この指示語「その」は、文脈から推して、おそらくは下方の名詞「智恵の働」に掛かっている。直後の名詞「本体」を修飾しているのではあるまい。

漢文では、「其」のごとき指示語は、被修飾語たる中心名詞に掛かる修飾語句の前に記す習慣だ。右の例について敢えて原文を想定すれば、「其ノ可キ下装ウテ二本体ヲ一増ス中光明ヲ上智恵之働ニ有レバ二巧拙之差一也」のように、指示語「其」＋修飾語「可装本体増光明」＋被修飾語「智恵之働」という語順になる。これを書き下せば、指示語「其」と名詞「智恵之働」が、修飾語「可装本体増光明」の訓読に費やす字数の分だけ離れてしまうのは必然の結果だ。漢文訓読体は、こうした構文感覚に基づいて綴られているのである。

要は、「如きは」のような語の有無に拘わらず、「その」を安易に直下の語句だけに掛けないことだ。漢文訓読体における指示語の管到は、かなり長い字数にわたる場合がある。この点をぜひ忘れないようにしたい。もちろん、修飾語がなければ、指示語はそのまま直後の中心名詞につながる。比率から言えば、そのほうがはるかに多いだろうけれども。

（3）和文要素混入現象

一方、原文が存在しない《原文不在原理》は、漢文訓読体に対して、漢文の拘束を逃れようと思えば逃れられるという自由を与える。これも書き下し文と大いに異なる点であり、結果として、漢文訓読体は、和文要素が大手を振って混入してくるのを防げず、また妨げない。たとえば、次の漢文に見える「不レ得レ已ムヲ」（已《や》むを得《え》ず）である。

非《ズ》㆓択《ビテ》而取《ルニ》㆑之《ヲ》、不㆑得《レバ》㆑已《ムヲ》也。（『孟子』梁恵王下）

これを書き下し文にすれば――

択《えら》びて之《これ》を取《と》るに非《あら》ず、已《や》むを得ざればなり。

（好きこのんで選んだわけではなく、そうせざるを得なかったからである。）

「不㆑得㆑已《ムヲ》」は、書き下し文である以上、右のように「已むを得ず」と記すしかない。「已《や》む」が「止《や》む」と同義だからといって、絶対に「止むを得ず」とは書き下せないのである。書き下し文の字遣いは、あくまで原文たる漢文に副《そ》わなければならない。

ところが、漢文訓読体では、原文が存在しないため、字遣いに拘束がなく、「已《や》むを得《え》ず」と同じく「（不本意ながらも）仕方なく」の意味で「止《や》むを得《え》ず」と記すことがある。

何心なく雷同《らいどう》する者もあり、止《や》むを得《え》ずして従ふ者もあり（『概略』110-6）

これは、「已む」と「止む」が同訓同義ゆえに「已むを得ず」を「止むを得ず」と書いたものだろう。本来ならば「已むを得ず」と記すべきところ。この「止むを得ず」は、日本語が然《しか》らしめた恣意的な字遣いとしか思えない。

漢文に「止《や》むを得《え》ず」という表現があることは事実だ。しかし、これは、「勢《いきほ》ひ止《や》むを得《え》ず」（勢《ヒ》不㆑得㆑止《ムヲ》／『資治通鑑』巻七九「晋紀一・世祖武皇帝（上ノ上）」泰始八年夏条／原文は「勢」を「埶」に作る）のように、具体的に「勢い、趨勢」などを「押し止《とど》められない」意に用い、その気になりさえすれば「止《とど》むるを得《え》ず」とも訓読できるのが通例である。実際、こうした用法にかなった「止《や》むを得《え》ず」もあり——

・世界の勢《いきほひ》に於て止《や》むを得《え》ざるものなり。(『概略』273-6)
・今の文明の有様《ありさま》に於ては、止《や》むを得《え》ざるの勢《いきほひ》にて(『概略』274-4 f.l.)

いずれも定石どおり「勢」と組み合わさった「止《や》むを得《え》ず」で、「止《とど》むるを得《え》ず」に書き換えても文意に差異は生じまい。逆に言えば、右に観た「止《や》むを得《え》ずして従ふ者もあり」の「止む」は、やはり「已む」と同訓ゆえに出で来《いき》たった日本語ならではの字遣いとしか言いようがないのである。

こうした和文要素の混入は、漢文訓読体に時として国字「働」「込」や国訓「筈《はず》」「訳《わけ》」などが現れる事実を以て典型と視てよいだろう。右の引用に見える「有様《ありさま》」をはじめ、「仕掛《しかけ》」のような和製漢字語も和文要素にほかならない。また、通例、漢文の訓読には用いられない係助詞「こそ」や「なん」(「なむ」の撥音化)が姿を現すのも、和文要素の混入だと考えれば、特に驚くことはないだろう。何といっても、和文要素は日本語なのだから、さして手間取りはしないのである。

ただし、ここで厄介な事態が起こり得る。それは、字遣いや語彙そのものではなく、語義に和文要素が紛れ込んだらどうなるのか、という問題だ。たとえば「百姓」である。漢文すなわち古典中国語としては、漢音で「百姓《ひやくせい》」と読み、まずは「民衆、庶民」の意に解釈するのが定石だ。一つだけ例を挙げておく。

百姓《ひやくせい》足《た》らば、君《きみ》孰《たれ》と与《とも》にか足《た》らざらん。百姓《ひやくせい》足《た》らずんば、君《きみ》孰《たれ》と与《とも》にか足《た》らん。

（百姓足《ラバ》、君孰《ト》与《ニカ》不《ラン》レ足《ラ》。百姓不《ンバ》レ足《ラ》、君孰《ト》与《ニカ》足《ラン》／『論語』顔淵）

「一般庶民が足りていれば、君主たる貴殿がだれと一緒に足りていないことになるのでしょうか。一般庶民が足りていなければ、君主たる貴殿がだれと一緒に足りていることになるのでしょうか」――「君」と対比された「百姓」が「民衆、庶民」を意味していることは明らかだろう。好みとあらば、「万民、人民」などと訳してもよい。

ところが、漢文訓読体には、次のような「百姓」が見られる。

・心ある町人百姓は、その子の学問に出精《しゆつしやう》するを見て、やがて身代《しんだい》を持《も》ち崩《くづ》すならんとて親心に心配する者あり。（『すゝめ』012–4 f.l.）

・田舎の百姓は正直《しやうぢき》なれども頑愚《ぐわんぐ》なり、都会の市民は怜悧《れいり》なれども軽薄《けいはく》なり。（『概略』020–5）

こうした「百姓」は、「町人」と並列されている点から見ても、また「市民」と対比されている点から見ても、日本語にいう呉音「百姓《ひやくしやう》」すなわち農夫の意としか思えない。漢音で「百姓《ひやくせい》」と読み、「民衆、庶民」の意に解すると、文意が通じなくなってしまうのである。

ここで、もはや危険地帯に足を踏み入れていることに気づいてもらえるだろう。前に《語義従漢原理》について説明したさい、和漢異義語の一例として「人間」を挙げ、漢文訓読体では、呉音「人間《にんげん》」ではなく、漢音「人間《じんかん》」を採り、日本語「ひと」の意ではなく、漢文すなわち古典中国語に即して「俗世間、世の中」の意味に理解するのが原則だと記した。けれども、今〈和文要素混入現象〉によれば、「百姓」を漢音「百姓《ひやくせい》」ではなく、呉音「百姓《ひやくしやう》」で読み、漢文すなわち古典中国語における「民衆、庶民」の意ではなく、日本語における「農夫」の意味に解せざるを得ないと言っているのである。一見、矛盾としか思えないに違いない。然《しか》り、これは一つの矛盾であり、〈和文要素混入現象〉が語義に及べば、《語義従漢原理》と齟齬《そご》を来たす。ただし、それが漢文訓読体の実態だとしか言いようがないのである。読み手としては、油断することなく、慎重に和漢異義語を解釈するまでだ。予想できるどおり、原則としては《語義従漢原理》に副《そ》い、場合によっては〈和文要素混入現象〉が起こる、という心構えでいれば、まずは大過なしと考えてよいだろう。

広く言えば、これは今日なおも漢語を多用する日本語そのものの問題とも捉えられる。ふつうの会話では、「野球の鬼《おに》」だの「鬼《おに》ヤンマ」だのと、まさしく「鬼」を日本語の「猛者《もさ》、大型の」などの意味で使いながら、「鬼籍《きせき》に入《い》る」と聞けば、ただちに「鬼」を本来の古典中国語の意味に即して「死者」の意に取り、「死者の名を記した帳簿に入る」つまり「死亡した」意と理解する。漢文訓読体では、それとは反対の作業を行うだけだ。少し慣れてしまえば、作業それ自体は思うほど難しくない。最終的に語義を決定する段階では、今一つ判然としない場面にも見舞われるが。

以上、《原文不在原理》から生じる三種の現象が漢文訓読体と書き下し文の相違点だ。これをまとめておけば、〈表3〉のようになろう。

〈表3〉漢文訓読体と書き下し文の相違点

	原文＝漢文	漢文意識	語義・文意	和文要素
書き下し文	有	濃厚	確定可能	混入不能
漢文訓読体	無＝《原文不在原理》	稀薄	時に確定不能	混入可能

むろん、書き下し文でも、原文たる漢文そのものに、もともと和文要素が入り込んでいれば、つまり日本人の書いた漢文で、初めから「和臭」を帯びているとなれば、書き下し文にも自ずから和文要素が混入する。けれども、そうした和文要素は、ふと立ち現れたにすぎず、あくまで例外として扱うまでだ。原則として、書き下し文に和文要素が侵入する余地はない。それに対して、漢文訓読体は、《原文不在原理》により、

和文要素を拒まず、また、拒もうとしても拒めないのである。純粋な漢文訓読体が稀にしか存在せず、ほとんどが和漢折衷体となるのは、原理上、避けがたい結果なのだ。

ここで、本章のまとめとして、前掲の〈表2〉と〈表3〉を合すれば、書き下し文と漢文訓読体の異同は〈表4〉のように把握できる。

〈表4〉漢文訓読体と書き下し文の共通点と相違点

	項目	書き下し文	漢文訓読体
共通点	発音	日本語	
	表記		
	統語構造		
	語義	古典中国語（漢文）	＝＊《語義従漢原理》
相違点	原文＝漢文	有	無　＝《原文不在原理》
	漢文意識	濃厚	稀薄　→《漢文意識稀薄化現象》
	語義・文意	確定可能	時に確定不能→《語義文意不確定現象》
	和文要素	混入不能	混入可能　→＊《和文要素混入現象》

＊相違点の〈和文要素混入現象〉が和漢異義語の語義について生ずると、共通点の《語義従漢原理》と矛盾を来たす。

改めて一つの文体として観れば、漢文訓読体は、本質的に大きな欠陥を抱え込んでいると言えよう。原理上、語義や文意が時として確定できず、場合によっては、語義が漢に従うのか和に従うのか判然としないとなれば、大量に飛び交う難渋《なんじゅう》な漢語とも相俟《あいま》って、忌避《きひ》される方向へと進むのは当然の結果でもある。だからこそ、いわゆる普通文の必要性が叫ばれ、さらには言文一致運動が勢いを強めて口語体の文章が増加するとともに、もはや抗すること能《あた》わず、漢文訓読体は衰退の運命をたどったのだ。目に映る姿も耳に聞こえる響きも「漢文崩し」であったとはいえ、その内実は「漢文崩れ」だったのである。

今日、漢文訓読体の文章は、すっかり影を潜めてしまった。その衰退はすでに昭和初期には顕著になっていたらしく、中国の周作人《しゅうさくじん》（魯迅《ろじん》の弟）が、昭和十年（一九三五）に綴った一文「『和文漢読法』」のなかで、「漢文調の和文（＝漢文訓読体）は近頃次第に姿を消しつつある」（周作人『日本談義集』、木山英雄［編訳］、平凡社《東洋文庫》、二〇〇二年、二一一頁）と言っているほどである。もちろん、漢文訓読体が消滅へと向かったのは、言文一致体の普及によって口語体の勢力が大幅に増し、文語体が忌避されるようになったことが最大の原因だ。それが時勢につれて進む漢文力の低下とともに漢文訓読体の衰退を招き、戦後、なおざりそのものの漢文教育がさらに拍車を掛けた結果、漢文訓読体を用いて文章を書くことはもとより、漢文訓読体の文章を読むことすら一大難事となってしまったのである。けれども、それは漢文訓読体が衰滅へと向かった外的要因にすぎまい。もともと漢文訓読体は、根本的な弱点を抱え込んでいたのである。その内的要因ゆえに、漢文訓読体は晩《おそ》かれ早《はや》かれ滅びる運命にあったとも考えられるだろう。

今なお漢文訓読体に対して多大な愛惜の念を抱く人は少なくない。甚だしきは憧れを抱く向きさえある。曰く「あのような簡潔で力強い口調の文章を自分も綴ってみたいものだ」と。たしかに、簡勁《かんけい》な響きの点でも、独特の言い回しの点でも、漢文訓読体は魅力にあふれた文体だ。しかし、ともすると語義や文意が曖昧に陥るとなれば、しかも、それが原理的に避けがたいとなれば、手放しで称讃するわけにはゆくまい。滅びるには、滅びるだけの理由が存在したのである。

第二章　漢文訓読体の基礎

本章では、漢文訓読体を読解するために必要な基礎事項を説明してゆく。ただし、文体研究のごとき詳細な分析を試みるつもりはない。あくまで実用性を重んじ、閲読にとって肝要と考える注意点のみを述べる。取るに足らぬ心得としか思えない程度の注意も含まれているだろうが、改めて肝に銘じるよすがとしてもらえれば幸いである。

第一節　文章の体裁

今日の日本語の文章は、改行すれば行頭に一字分の空格を設け、文は適宜に読点《てん》で切り、文末には句点《まる》を打つのが、体裁上の約束事である。けれども、明治期の文章は、行頭に空格を設けず、句読点を一つも打たずに記してあることが多く、漢文訓読体も例外ではない。体裁は一般にめりはりを欠き、改行が明らかでない点ではべた書きの印象を与え、句読点がない点ではだらだら書きの雰囲気が漂う。

一　段落

段落の始まりを何らかの符号で明示していることもあるが、その種の標識が皆無のときは、内容を汲み取りつつ、自ら段落を区切ってゆくしかない。漢詩文などで使われていた段落符号「┗」によって段落の終結が示されていることもある。

二　改行

行頭に一字分の空格がなくとも、直前の行に余白があれば、改行していることは容易にわかる。問題は、直前の一行において、ちょうど行末で一文が終わっている場合だ。見かけどおり、たまたま行末まで字が詰まっているだけで、そのまま次行に続いているのか、それとも、行末で一文が終わるとともに実は段落も完結し、次行からは新たな段落のつもりなのか。視覚の上では、どうにも判別がつかないのである。これについても、内容をにらみながら、自身の解釈に基づいて改行の有無を決定するしかない。

三 句読点

漢文訓読体は、たとえ句読点が付けてあっても、実は句点がなく、読点だけで切ってあることが珍しくない。かつての日本語は、句点と読点の使い分けがなかったからである。そのような場合は、自分で適宜に読点を句点に変えてゆく作業が必要となる。

読点については、今日の日本語でさえ明確な基準がない。漢文訓読体でも、ここが息継ぎの箇所だろうと何となく見当をつけ、適当に打つだけである。読点の有無によって修飾関係が変わり得るようなときは、やはり自分の解釈に従って処理するしかない。

悩ましいのは、句点の打ちどころだ。比率から言えば、ここで句点を打てばよいはずだと見当のつく場合のほうが多い。たとえば、断定の助動詞「なり」があれば、たいていはそこで一文が終わるものと考えてよいだろう。けれども、連用形と終止形が同一となるラ変型活用語（動詞「あり」・完了の助動詞「り・たり」など）については、連用中止法と見なして読点で切るのか、終止形と考えて句点を打つのか、困惑する場面も出てくる。これについても、自らの解釈によって、どちらかに決めるしかない。ただし、それ以外の場合もあり得るので、二つの注意を記しておこう。

一つめは、連体形による終止法、すなわち連体止めに関する注意である。通常の国文法つまり平安中古文法であれば、取り敢えずは「連体形で文を終えることによって、本来それに続くはずの体言を読み手に推測させることから余情や余韻が生じる」との説明で十分だろう。けれども、後述するように（↓87頁）、漢文訓読体に用いられる文語文法は、平安中古文法のみならず、奈良上代文法および鎌倉室町中世文法、さらには江戸近世文法や明治近代文法をも含んでいる。そして、日本語は、鎌倉時代になると連体形による終止が増加し、室町時代には連体止めが常習化するという方向に進んだ。たとえば、サ変動詞「す」・カ変動詞「く」・ラ変動詞「あり」の連体形「する」「くる」「ある」が、それぞれ現代口語文法では終止形になっていることを想い起こせば、この流れは容易に察せられるだろう。実のところ、その趨勢が漢文訓読体にも流れ込み、いつ何時《なんどき》、単に一文を終止させるだけの連体止めが現れぬとも限らないのだ。差し当たり目に付くのは、過去の助動詞「き」の連体形「し」による終止である。

普仏ノ戦ニテハ、仏国《フランス》「シャスポウ」銃ノ射力ハ、（普国《プロシア》の）針打銃《はりうち》ニマサリ、千歩ノ外マテ《で》モ、猶《なほ》仏《フランス》ノ銃兵ニ近寄ルコト能《あた》ハサ《ざ》リシ、是《これ》ニ因《より》テ……（『実記』296-3 f.l.）

この「シ」を律儀に連体形と受け取って、無理に直下の体言「是《これ》」につなげようとしたり、省略されている体言を想像して余情を味わおうと努めたりしても、まったく徒労に終わるだけだ。こうした「し」は単純そのものの連体止め、つまり実質上は終止形「き」に同じと見なし、あっさり「……能ハサリシ。」と句点に換えて理解すればよい。この「し」については、後ほど文法事項として再び取り上げる（→91頁）。

二つめは、形容動詞「ことなり」についての注意である。現代日本語は、その連用形を「殊《こと》に」と表記して副詞に用い、また連体形「ことなる」が動詞「異《こと》なる」に変じているのが実情である。ところが、漢文訓読では今なお形容動詞「異なり」を使い、漢文訓読体でも「異なり」を形容動詞として用いているのが一般だ。つまり、現在ならば「〜と異なる」と言うところを、漢文訓読体では「〜に〔と〕異なり」と記し、これがそのまま終止形となる。「異なり」は、現代日本語の感覚では動詞「異なる」の連用形としか聞こえないだろうが、漢文訓読体では形容動詞「異なり」の終止形として多用されるのだ。これをわきまえていないと、「異なり」で読点を打ったものの、どうにも下文へ滑らかにつながらず、困惑することとなってしまう。「異なり」で句点を打てば、一文が終わるのである。

〈表5〉「異なり」の注意点

	品詞	連用中止法	終止形
漢文訓読体	形容動詞	異《こと》に(して)	異《こと》なり
現代口語文	動詞	異《こと》なり	異《こと》なる

智恵は則《すなは》ちこれに異《こと》なり。外物に接して……（『概略』128-6 f.l.）

前章の引用（↓17頁）に見えた「国ヲ富《とま》スノ目的トハ異ナリ、」も、「……異ナリ。」と句点を以て一文を終えてよい「異なり」の終止形である。

もちろん、文法上、「異なり」は連用形でもある。しかし、「〜とは違って」の意味ならば、漢文訓読体では「〜に〔と〕異《こと》に（して）」と記すのが通例だろう。簡略には〈表5〉のように心得ておけばよい。

不安が残る向きには、形容動詞「異なり」を脳裡に焼き付けるべく、左のような音読を勧めたい。

○形容動詞「異なり」の終止形＝コトナリ　↑「コ」は高く、「トナリ」を低く。

×動詞「異なる」の連用形　　＝コトナリ　↑「コ」と「リ」は低く、「トナ」を高く。

なお、同じ「異」でも、「〜を異《こと》にす」（〜の点で違う）や「〜を異《い》とす」（〜を並外れたものと思う）は、いずれもサ変動詞であり、右の話とは無関係である。

第二節　文　字

一　漢　字

(1) 旧字体

漢文訓読体の閲読において、まず大きく立ちはだかるのは、旧字体の問題である。戦後、昭和二十四年（一九四九）の「当用漢字字体表」および昭和五十六年（一九八一）の「常用漢字表」などを通じ、新字体が広く定着して今日に至った結果、もはや日本人の目には旧字体が疎遠な存在になってしまった。改めて言うまでもなく、漢文訓読体に用いられている漢字は、すべて旧字体である。そして、にべもない言い方だが、旧字体が読めるようになるための即効薬はない。地道に学び、次第に慣れてゆくほかないのである。敢えて言えば、奮起一番、中国語を学び、今なお日常生活に旧字体を使用している台湾で一定期間を過ごすのが、旧字体に慣れ親しむ最短経路《ルート》だ。それが望めないとなれば、よく知っている明治期や大正期の小説を旧字体のまま印刷してある古本でも手に入れ、通読を試みるのが次善の策だろう。むろん、漢字を漏れなく新字体に改めた校訂本だけ読んでいれば、旧字体に悩まされずにすむ。しかし、それでは、いつまで経っても円周率＝三・一四の域を出まい。旧字体が読めない史学の徒なぞ、π《パイ》を扱えぬ数学者と似たり寄ったり、末席にすら坐る資格がないのである。

当面は、たとえば「畫＝画」「舊＝旧」「據＝拠」「盡＝尽」「雙＝双」「晝＝昼」「當＝当」「寶＝宝」「與＝与」「禮＝礼」などが、それぞれ同一の字に見える目を養うように努めるしかない。一方、「崇／祟」「刺／剌」あるいは「干／于／千」「戊／戍／戌」などは、おのおの互いにまったく別の字に見えなければならぬ。何やら離《はな》れ業《わざ》のようにも映るが、それが漢字に対する視覚の在り方だ。
注意しておくべきは、旧字体と新字体の違いだと思い込んでいると、実のところ、もともと別の字だという場合があることだ。「餘」と「余」、「藝」と「芸」などが典型だろう。本来「餘《よ》」が「あまり」、「余《よ》」は一人称「わたくし」を表す。その区別を無視して、どちらも新字体では「余」と書くから、かえって話がややこしい。「藝」と「芸」は、さらに事が面倒だ。もとは「藝《げい》」こそが「芸術」、「芸《うん》」は「書物の虫食いを防ぐ香草《ハーブ》の名」または「草を刈る」意。このいずれをも新字体では「芸」と書いているわけだ。この「餘」と「余」、「藝」と「芸」の関係は、漢文訓読体の閲読にとって必須の知識に違いない。逆に言えば、これを平気で「余」や「芸」に統一している校訂本は、いささか眉唾物だという話にもなる。

(2) 異体字

三千年以上にわたって発達してきた五万字以上にも及ぶ漢字の字体をすっきり整理する方法はない。同じ字でも、異なる字形を持つのが異体字である。異体字は、古字・本字・別字・俗字・略字・誤字などに分類されることもあるが、読み手の立場から言えば、いずれの字類に属するかは重要に非ず、我々の目に馴染んだどの字に等しいかがわかれば十分だ。俗字や略字がそのまま新字体になっている場合も多い。

異体字は、漢文訓読体に頻出する。「葢・盖（＝蓋）」「甞（＝嘗）」「舩（＝船）」「耻（＝恥）」などは、それぞれ字形が近いので、さほど困りはしないだろう。しかし、「恠（＝怪）」「輭（＝軟）」あるいは「窗（＝窓）」「无（＝無）」のような異体字になると、字形から馴染みの字を連想するのは困難である。こうした異体字についても特効薬はなく、少しずつ習い覚えてゆくしかない。「叶」が「協」の古字だと知らなくとも、「叶《かな》う」と読めさえすれば用が足りるのはたしかだが。

ある異体字について、たぶんこの字だろうと見当がついたときは、漢和辞典の類で確認することを怠らないよう心がけたいものである。代表的な異体字ならば、小型の漢和辞典にも載っているが、少し稀な異体字になると、大型の漢和辞典でなければ検索できない。それでも見当たらなければ、異体字に関する専用の字典を調べることになる。

なお、日本人が独自に作った異体字もある。一種の国字にして異体字というわけだ。ややこしい事をしてくれたものだが、事実なのだから仕方ない。「才（＝第）」のような略字ならば見慣れたものだ。しかし、「枩（＝松）」は一瞬わかりづらいだろう。たいていの漢和辞典が「松」の異体字として「枀」や「柗」は載せているが。もっとも、「群」の異体字「羣」を知っていれば、「松」が「枩」と書かれていても驚きはしまい。これが「慭・愸・憗（＝憖）」になると、容易には事がすまなくなる。「慭」は俗字としての異体字だが、「愸・憗」は誤字にして国字たる異体字だ。そもそも本字を「憖《なまじ》いに」と読めるかどうか。もし読めなければ、わけのわからぬ字に三つの異体字が絡まり、そのうち二つが国字という甚だ込み入った事態になる。稀とはいえ、こうした場面もあるわけだ。

（3）当て字・国字

純粋な漢文訓読体、つまり、あらゆる漢字が完全に古典中国語として用いられた漢文訓読体であれば、当て字や国字が紛れ込む余地はない。しかし、大半の漢文訓読体には〈和文要素混入現象〉が起こり、各種の当て字や国字が現れる。たとえ出現頻度は高くなくとも、予想外に手こずる場合があるので要注意だ。

当て字で最も読みづらいのは、副詞の類だろう。いくつか例を挙げれば――

生憎《あいにく》　流石《さすが》に　有繋《さすが》に　丁度《ちょうど》　一寸《ちょっと》　兎《と》（に）角《かく》　矢張《やはり》

きわめて稀ながら、擬声語に漢字を当てていることもある。

職人ノ事ヲトリ、傭夫《ようふ》ノ重キヲ運フ《ぶ》ニ、曳也《えいや》ノ声ナシ《無》（『実記』082-8）

掛け声「エイヤ！」が「曳也」と記してあるわけだ。生真面目に「曳ケ也φ」（曳《ひ》け／「也」は命令の語気を表す置き字）と訓読したりすると、「引け！」という号令にも聞こえ、あらぬ方向へ話が逸《そ》れてしまう。文脈に即して柔軟に想像力を働かせるしか対処法はない。

国字についても、それなりの警戒が必要だ。「躾《しつけ》・辻《つじ》・峠《とうげ》」や「込《こ》む・辷《すべ》る」など、馴染みの国字ならば特に問題あるまい。読みあぐねる可能性が高いのは、やはり国字を用いた副詞である。

扨《さて》　去迚《さりとて》　聢《しか》と　迚《とて》も　軈《やが》て

指示語「その」についてすら、次のような国字がある。

廾《そ》の

この「廾」は、おそらくは「其」の古字「亓」が変形された字、すなわち異体字のそのまた異体字としての国字であろう。

単位を表す国字は、造字法が明快で、整然とした体系を成す。たとえば、長さ・重さ・容積は、それぞれ単位元

「米《メートル》」「瓦《グラム》」「立《リツトル》」を偏《へん》とし、十進法に従って「毛《ミリ》」(×10^{-3})・「厘《センチ》」(×10^{-2})・「分《デシ》」(×10^{-1})・「十《デカ》」(×10)・「百《ヘクト》」(×10^{2})・「千《キロ》」(×10^{3})などが旁《つくり》となる。

・粍＝ミリメートル　糎＝センチメートル　粉＝デシメートル
籵＝デカメートル　粨＝ヘクトメートル　粁＝キロメートル
・瓱＝ミリグラム　甅＝センチグラム　瓰＝デシグラム
瓧＝デカグラム　瓸＝ヘクトグラム　瓩＝キログラム　＊瓲〔噸〕＝トン
・竓＝ミリリットル　竰＝センチリットル　竕＝デシリットル
竍＝デカリットル　竡＝ヘクトリットル　竏＝キロリットル

言うまでもなく、「米《メートル》」「瓦《グラム》」「立《リツトル》」は「米《こめ》」「瓦《かわら》」「立《た》つ」と、「粉《デシメートル》」は「粉《こな》」と同じ字だ。「米」は「米《アメリカ》」の意味にもなる。互いに意味が懸け離れているので、混同する可能性は零《ゼロ》に等しいだろうが。

なお、花鳥草木または鳥獣虫魚の類、すなわち動植物を表す国字は多数にのぼり、後述する国訓の問題(↓61頁)も絡むため、とうてい覚えきれるものではない。出くわしたときは、そのつど国字に関する専用の字典で調べるしかないだろう。かつて常用された国字や今なお多用する国字ならば、小型の漢和辞典に収録されていることも多い。

二 仮名

（1）片仮名・平仮名

漢文訓読体は、多く漢字片仮名交じりで綴られているため、片仮名を再認識しておくことが必要だ。正直なところ、現代の我々にとって、漢字片仮名交じり文は読みづらい。しかし、往時は、直線的で硬い印象の片仮名こそ漢字との相性《あいしょう》が良く、曲線的で軟らかい印象の平仮名は漢字に馴染みが悪いと感じられていたのである。もともと片仮名が漢文への書き込み用に開発された文字であったことは忘れないようにしたい。

現代日本語ではワ行の片仮名を目にする機会が甚だ少ないためか、時おり「ヰ」や「ヱ」を漢字だと勘違いして、虚しく漢和辞典を調べる学生もいる。たしかに、もと「ヰ」は「井」の変体、「ヱ」は「慧」の略体だけれども。「ヲ」は、読めはするものの、誤って「フ→ヲ」の二画で書く学生が大半だ。正しくは「一→ニ→ヲ」の三画であることを知らないと、崩して筆写した「ヲ」が読めなくなってしまう。日ごろから、もと「ヲ」が「乎」の略体であることを意識し、正しく三画で書く習慣を養っておきたい。

歴史を溯ってみれば、字体については、総じて片仮名のほうが平仮名よりも安定している。しかし、たとえば漢字「子」「井」が少しいじけたような印象の字形で現れたときは要注意だ。これを「子《こ》」「井《いど》」などと読み、何とか文意を汲み取ろうとしても、たぶん時間の浪費に終わるだろう。実は「子」は「ネ」、「井」は「ヰ」の変体仮名として用いられている場合がある。「子」は、十二支「子《ね》・丑《うし》・寅《とら》……」の一で、「甲子《きのえね》」や「子《ね》の刻《こく》」などの「子《ネ》」。「井」は、片仮名「ヰ」の字母としての「井《ヰ》」。こうした字遣いにも柔軟に対応せねばならない。

漢文訓読体には、〈表6〉のような合字・略字も現れる。

「ヿ」は「事」の縦棒を強く残した略字、「〆」は「為」の起筆の二画だけを書く略字である。特に「ヿ《こと》」「𬼀《とき》」「𪜈《とも》」は使用頻度が高い。「〆《して》」は一瞬「ソ《そ》」にも「メ《め》」にも見え、「寸《とき》」は漢字「寸《すん》」との見分けがつかない。「ト云《といふ》」に至っては、片仮名「ト」と漢字「云」を取り合わせた面妖《めんよう》そのものの合字である。いずれも、うっかり読み間違えないようにしたい。印刷状態が悪い書物を読むときは、とりわけ注意が必要だ。

一方、現行の平仮名は、明治三十三年（一九〇〇）の「小学校令施行規則」によって始めて定められた標準字体に基づく。それ以前はもちろんのこと、それ以後もしばらくは、いわゆる変体仮名が大手を振って罷《まか》り通《とお》っていた。「江《え》」（←江）「志《し》」（←志）「尓《に》」（←爾）などが最も目立つかと思うが、その他の変体仮名にも対応すべく、古語辞典などの付録に見える「変体仮名字体表」の類を常に手もとに用意しておくのが便利だろう。書体が違うだけならば、ある程度は見当がつくものの、もとの漢字すなわち字母が異なると、まったく読めずに立ち往生してしまうおそれなしとしないからである。むろん、変体仮名に限らず、片仮名の場合と同じく、ふだんは馴染みの薄いワ行「ゐ」「ゑ」に慣れておくことも必要だ。

なお、実際には、字遣いが不純に陥り、漢字平仮名交じり文のはずなのに、/wa/《ワ》と発音する係助詞「は」だけが片仮名「ハ」で記されていることもある。漢数字「八《はち》」と紛れる心配はないと思うが、念のため。見方によっては、係助詞「は《ワ》」もその他の「は《ハ》」も一律に「は」と書いてしまう通常の字遣いこそ不純と言えるのかもしれない。

〈表6〉合字・略字

𬼀(ト＋キ)＝トキ
𪜈(ト＋モ)＝トモ
ト云(ト＋云)＝ト云《イ》フ
ヿ(「事」の略体)＝コト
〆(「為」の略体)＝シテ
寸(「時」の略体)＝トキ

(2) 仮名遣い

いわゆる新仮名遣い、つまり現代仮名遣いが、戦後は昭和二十一年（一九四六）の内閣告示によって定められたとわかっていれば、それ以前に綴られた漢文訓読体がすべて旧仮

〈表7〉旧仮名遣いと歴史的仮名遣い

呼称	性格	内容
旧仮名遣い	〈実態〉としての通俗的仮名遣い	表記上の単なる事実
歴史的仮名遣い	〈規範〉としての学術的仮名遣い	表記上の正誤の基準

名遣いで記されていることは自明の事実である。ただし、これを要して「漢文訓読体は、歴史的仮名遣いで書かれている」と理解すると、早計に失する危険を免れない。なぜなら、歴史的仮名遣いとは、江戸前期は契沖《けいちゅう》（一六四〇〜一七〇一）以来の学術研究に基づき、明治期の学校教育のなかで、遠く奈良〜平安初期における仮名遣いの在るべき姿を復活させたものであり、おおよそ明治四十年代（一九一〇前後）に一応の安定を見たとはいえ、語によっては今なお探究の途上にあるからだ。この歴史的仮名遣いの二面性、すなわち旧《きゅう》中の旧《きゅう》たる性格と学術上の先端性とをわきまえず、何となく俗習に流されて「旧仮名遣い＝歴史的仮名遣い」なる等式を脳裡に描いていると、仮名遣いに関する認識を誤りかねない。旧仮名遣いと歴史的仮名遣いは、必ずしも一致しないのである。

たとえば、漢文訓読体に限らず、明治〜大正期の文章では「或ひは」と記されていることが少なくない。これは、旧《ふる》いという意味では、たしかに旧仮名遣いだ。けれども、歴史的仮名遣いの研究成果によれば、「あるひは」の「ひ」は実のところ副助詞「い」であるから、「或いは」が正しいのである。換言すれば、「或ひは」は〈実態〉としての通俗的仮名遣いにすぎず、「或いは」こそが〈規範〉としての学術的仮名遣いというわけだ。今日、我々が目にする「歴史的仮名遣い」という用語は、後者つまり〈規範〉としての学術的仮名遣いの意味で使われるのが一般である。この両者を漠然と混同したままでいると、教員「歴史的仮名遣いは〈或いは〉です」、学生「でも、この史料には現に〈或ひは〉と記されているではないですか」のごとき空《から》問答が繰り返されかねまい。もちろん、奈良〜平安初期においては、歴史的仮名遣いこそが〈実態〉としての仮名遣いであったはずなのだが。簡略に整理しておけば、〈表7〉のようになる。

「旧仮名遣い＝歴史的仮名遣い」が危うい理解、いや、ほとんど誤りと称すべき認識であることは明らかだろう。このずぼらな等式はただちにお蔵《くら》入《い》りとしたうえで、旧仮名遣いと歴史的仮名遣いとの峻別《しゅんべつ》を図らんとするのが私見である。

実際、漢文訓読体には、次のような仮名遣いも珍しくない。あくまで〈実態〉としての旧仮名遣いである。

覚《おぼ》ふ　濬《さら》ゆ　強《し》ゆ　誣《し》ゆ　堪《た》ゆ　絶《た》ふ　用《もち》ゆ　教《をし》ゆ

一見して察せられるように、ハ行とヤ行、またはワ行に関わる揺れが目立つ。いずれも、〈規範〉としての歴史的仮名遣いならば、左のごとく記す語だ。「用ゆ」は、もと平安時代初期にはワ行上一「もちゐる」、中期以降にハ行上二「もちふ」となり、その後ヤ行上二「もちゆ」にまで変化した語のため、今「もちゐる」を歴史的仮名遣いとする。

覚《おぼ》ゆ　濬《さら》ふ　強《し》ふ　誣《し》ふ　堪《た》ふ　絶《た》ゆ　用《もち》ゐる　教《をし》ふ

発音が漢字に隠されてしまうので判然とはしないものの、実はア行にまで累《るい》が及び、「覚《おぼ》ふ」が「をぼふ」、「教《をし》ゆ」が「おしゆ」であった可能性も否定できまい。右では例を動詞に限ったが、そのほかにも、原因・理由の「ゆゑ」を「ゆへ」と書いたり、「況んや〜をや」の「をや」を「おや」と記すような例が少なからず現れる。

漢文訓読体の仮名遣いは、今日の目で見れば混乱状態にあり、決して「歴史的仮名遣い」の一語では片付けられない。

三　踊り字――二の字点

現代日本語の文章では、踊《おど》り字《じ》すなわち繰り返し符号を用いる頻度は低い。漢字送り「々」が「人々」「着々と」「由々しい」などと使われる程度だろう。けれども、明治〜大正期の文章では、片仮名送り「ヽ」・平仮名送り「ゝ」・くの字点《じ》「〱」などの踊り字が活躍する。「〱」を単に平仮名「く」が拡大されたものと思うのか、時として「たま〱《たま》」を「たまく」なぞと読む学生がいるのは笑えぬ笑い話である。そして、とりわけ漢文訓読体にたびたび登場するのが二《に》の字点《じてん》「〻」だ。

二の字点は、「同音を反復して訓読みせよ」との指示を表す。反復される同音は広く濁音をも含み、また訓読みのみに用いて、音読みには使わない。二の字点を付けて書き表す語句は、ほぼ〈表8〉に掲げる副詞の類に限られる。「諸〻＝もろもろ」だけは名詞だが。

〈表8〉のうち、「夫〻＝それぞれ」と「態〻＝わざわざ」は、〈和文要素混入現象〉である。漢文訓読における「夫《レ》」（夫《そ》れ）は、一般に「発語の助字」と呼ばれ、議論の開始などに用いる語であり、何かを「それ」と指し示す語ではない。指示語であれば「夫《ノ》」（夫《か》の）と訓ずるのが通例だ。指示語に非ざる「夫《ソレ》」を重ねた指示代名詞「夫〻＝それぞれ」を副詞に転用するのは、ほぼ当て字に近い。また、「態〻＝わざわざ」は、二の字点が国訓にまで適用された例である。純然たる漢文訓読体であれば、「態《ト》」（態《わざ》と）と訓ずることはあり得ず、「態〻＝わざわざ」という読み自体が成り立たない。

「代〻《よよ》」によって、二の字点が訓読みに適用されることを確認してほしい。漢字送り「々」を使えば、「代々《だいだい》」と音読みすることになる。うっかり取り違えて「代〻《だいだい》」「代々《よよ》」と読み誤っても、意味が変わるわけではないが。言うまでもなく、地名「代々木《よよぎ》」における漢字送り「々」の用法は、別席で論ずべき話である。

ただし、二の字点の有無それ自体は、あまり当てにならない。たとえば、「各々」が「おのおの」であることに疑問の余地はないが、二の字点が付いていない「各」ならば必ず「かく」と読むかと言うと、そうとは限らず、実は「各」だけでも「おのおの」と読めるのである。二の字点は、「各《かく》」と読まれるのを防ぎ、「各《おのおの》」と読むことを明示すべく添えるおまけのような符号にすぎない。これは十分に理解しておく必要があるだろう。つまり、二の字点は、同音を反復して訓読みするための十分条件でこそあれ、決して必要条件ではない。音読み「各《かく》」に違和感を禁じ得ないときは、自ら二の字点を加えて「各々《おのおの》」と読んでしまえばよいのである。

〈表8〉二の字点を用いる語句

愈々・弥々＝いよいよ
各々＝おのおの
交々＝こもごも
数々・屢々＝しばしば
抑々＝そもそも
夫々＝それぞれ
唯々・但々＝ただ
偶々・会々＝たまたま
熟々＝つらつら
略々・粗々＝ほぼ
益々・滋々＝ますます
間々＝まま
看々＝みすみす
諸々＝もろもろ
稍々・良々・較々＝やや
行々＝ゆくゆく
代々＝よよ
態々＝わざわざ

四　表記上の問題

ここで、仮名遣いを除く表記上の三つの問題について、若干の注意を記しておく。いずれも漢文訓読体のみに見られる現象ではないが、漢文訓読体には漢文訓読体なりの注意が必要だからだ。

（1）濁点の無表記

大日本国帝国憲法の第一条「天皇ハ神聖ニシテ侵スヘカラス」などで周知のとおり、かつては濁点を付けないことも多かった。実際には、自ら濁点を補うのに苦労することはほとんどない。だからこそ、濁点無表記のままで通用していたのである。この「侵スヘカラス」が「侵すべからず」となるのはもちろんのこと、「セサルヘカラス」にせよ、あるいは「セサルヲ得サレハ」にせよ、すぐさま濁点を打って「せざるべからず」「せざるを得ざれば」と読めるだろう。もっとも、語によって紛らわしい場面が生じ得ることは承知しておいたほうがよい。特に訓読み動詞の末尾に「ス」がある場合は要注意だ。

たとえば「出ス」である。これを安易に「だす」と読んではならぬ。「出ス」は、ふつう漢文訓読体では「いだす」と読むからだ。とはいえ、「いだす」と読んで安閑としてもいられない。実は「出ス」の「ス」は濁点の省略で、正しくは「いでず」かもしれないからである。「いだす」ならば他動詞そのもの、「いでず」だとすれば自動詞「いづ」の打消なので、出《だ》したのか出《で》ないのか、事によると文意が逆さまになってしまう。最終的には周囲の語との関係を見きわめて、文脈から慎重に判断を下すことが必要だ。

「去ラス」のような表記にも気をつけたい。「ス」が使役の助動詞「す」で、「去らせる」意になるのか、それとも、「ス」は濁点の省略で、正しくは「去ラズ」、つまり「去らない」意になるのか。読み誤ると意味が大きく異なってしまうため、やはり文脈から注意深く判断することとなる。後述するように（↓130頁）、漢文訓読体における使役の助動詞は一般に「しむ」を用いるので、漢文訓読体に慣れさえすれば、たぶん濁点を補った後者の「去ラズ」すなわち「去らない」意だろうと見当がつくのだが。

（2）送り仮名の簡潔さ

現代の文章では、万一の誤読を防ぐよう、送り仮名は多めに付けておくのがふつうだろう。「終る」では、「おわる」か「おえる」か戸惑う可能性もあるので、「終わる」「終える」と丁寧に送るわけだ。けれども、明治～大正期の文章は送り仮名が今日より簡潔であることが多く、漢文訓読体も例に漏れない。たとえば、「明《あき》らかに」「大《おほ》いに」「必《かなら》ずしも」「暮《く》れて」が「明ニ」「大ニ」「必モ」「暮テ」と記されていることも珍しくないのである。簡潔なのはたしかだが、不親切と言えば不親切だ。大半は何とか見当がつくものの、漢文訓読の言い回しに親しんでいないと困惑する場合もある。

「徒ニ」や「徐ニ」くらいなら、即座に「いたづらに」「おもむろに」と読めるだろう。けれども、「立ニ」はどうか。「たつに」と読む場合もあるだろうが、漢文訓読体としての第一感は「たちどころに」だ。「生ナガラニシテ」も、さっと「うまれながらにして」と読めなければいけない。「孰ノ」は「いづれの」、「故ラニ」は「ことさらに」、「然ズ」は「しからず」、「羞ルナリ」は「はづるなり」、「両ナガラ」は「ふたつながら」、「妄ニ」は「みだりに」という具合である。こうした表記に対応するには、どうしても慣れが必要だ。ある程度の期間にわたって、ある程度の分量を読みこなし、自ら反応の速度と確度とを高めてゆくしかあるまい。

なお、送り仮名が簡潔であると、発音が漢字に隠れてしまい、殊に音便の有無については判然としないことが多い。「聞テ」が「ききて」か「きいて」か、「問テ」は「とひて」か「とうて」か、はたまた「去テ」が「さりて」か「さつて」か、「呼テ」は「よびて」なのか「よんで」なのか。場合によっては濁点無表記も手伝って、イ音便・ウ音便・促音便・撥音便の四種いずれも、不明瞭に陥る可能性がある。実際には、どう読めばよいのか？——漢文訓読体の発音は、心もとない場面に見舞われることが少なくない。

（3）仮名に開かれた漢字語

不思議なもので、漢字で「蓋シ」と記されていれば、いかにも漢文訓読体らしい雰囲気が漂い、一応「蓋」を漢和辞典で調べてみようかという気になる。けれども、「ケダシ」と仮名書きされていると、何となくわかったような気分になって、素通りしてしまいがちだ。仮名書きという表記が引き起こす〈漢文意識稀薄化現象〉にほかならない。念のため、能《あた》うるかぎり漢字にもどして語義を確認する習慣を身につけたいものである。

とりわけ、同音異義語が存在する仮名書きは要注意だ。「イヤシクモ」とあれば、脳裡に「卑《いや》しくも」または「賤《いや》しくも」がうっすらと浮かび、何やら理解したつもりになって、そのまま通り過ぎてしまうかもしれない。しかし、漢文訓読体としては、「卑」や「賤」と同格か、それ以上に「苟」を思い浮かべ、「苟《いやしく》モ」の仮名書きかと身構えねばならぬ。思わず知らず警戒意識が薄らいでしまうことこそ、漢字語の仮名書きがもたらす最大の危険だ。「苟《いやしく》モ」は、仮定「もし、かりに」の意味である。

「ナシ」も油断できない。ふつうは「鉄石炭ノ産出、内国ノ製作ニ欠乏ナシ」（『実記』030–5 f.l.）のように「無し」で事がすむものの、次のような例も現れる。

蒸気車ハ、英国政府ヨリ、例ノ如ク享応《きやうおう》トシテ仕立《したて》タル車ニテ、「ゼネラール、アレキサンドル」氏モ「アストン」氏ト共ニ送リ来《きた》リテ、同車ナシ、三十分時ヲ経テ発車セリ（『実記』038–6）

この「同車ナシ」の「ナシ」は、漢字で記せば「為し」となる。決して「無し」ではない。「～ヲナシ」「～トナシ」のように助詞があれば、すぐ「為し」だとわかるが、名詞「同車」に直接「ナシ」が続いていると、きちんと文脈をたどる手間を省き、視覚のうえだけで「無し」と決め込みがちだ。このような仮名書きは、一瞬、目くらましの効果を発揮する。「同車為シ」は「同乗した」意、「同車無シ」だとすれば「同乗しなかった」意であるから、読み誤ると意味が正反対になってしまう。左に見える「所有ナシ」も同類だ。

風車ハ其《その》家ノ子孫ニ伝ヘテ所有ナシ、猶兀然《なほごつぜん》トシテ立テリ（『実記』358–2）

これも「所有を為し」の意。「所有無し」では文意が通じない。似通った言い回しでも、「余地アルナシ」（『実記』081–6 f.l.）ならば、「軽重《けいちょう》あることなし」（『すゝめ』021–1 f.l.）や「妨《さまたげ》あることなし」（『概略』027–2 f.l.）などと同じく、「有《あ》る（こと）無《な》し」（無シレ有ル(コト)）すなわち「無い」意になるが。

漢字語を仮名に開いた表記は、校訂の問題とも深く関わるので、補説2（→157頁）で改めて注意を促すことにしよう。

第三節　語　彙

漢文訓読体は、〈和文要素混入現象〉さえ起こらなければ、漢文訓読の知識だけで対応が可能だ。しかし、実際には、純度一〇〇％の漢文訓読体はほとんどなく、何かと和文要素が入り交じってくる。ここでは、《語義従漢原理》と〈和文要素混入現象〉が矛盾を生じる可能性を踏まえつつ、漢文要素・和文要素、そして境界領域要素に分かち、漢文訓読体の語彙について概観しておこう。

一　漢文要素

（1）漢　語

漢文訓読体の読解で最も労力と時間を費やすのは、何と言っても、文章のあちらこちらに鏤《ちりば》められた漢語である。知らない漢語はもちろんのこと、知っている漢語でも、わかっているような気になっているだけかもしれないとの危《き》惧《ぐ》を些少とも抱けば、漢和辞典を調べて語義を確認するしかない。甚だ手間のかかる作業だが、これを避けていては、いつまで経っても埒《らち》が明かぬ。片手で気軽に引けるような小型の漢和辞典は、載録している語彙があまりに少なく、例文にも乏しいため、ほとんど役に立たない。漢文訓読体の書き手は、漢詩文を学ぶことこそ勉強だという雰囲気のなかで育った人物が大半である。その文章を読むのに、やわな漢文教育しか受けていない現代の我々が手軽な漢和辞典ですませようとしても、土台が無理というものだ。面倒臭がっている暇《ひま》があるなら、さっさと大型の漢和辞典を引くべし——平凡ながらも、侮るべからざる教訓である。

漢和辞典を調べるには、さまざまな小技《こわざ》が欠かせない。たとえば、ＰとＱの二字から成る漢語「ＰＱ」を探すとしよう。このようなとき、まずはＰを、次いでＱを調べ、両者を組み合わせて何とか語義を捻り出そうとする学生もいるが、これは的外れに終わる可能性が高い。数学とは異なり、言語の問題となれば、語義がすんなり「Ｐ＋Ｑ＝ＰＱ」の等式に従うとは限らず、また、漢語「ＰＱ」そのものを用いた例文を確認しなければ、とうてい正しい意味合いがわからないからだ。そもそも、Ｐにｍ個、Ｑにｎ個の語義があれば、漢語「ＰＱ」には単純計算でｍ×ｎ個の語義の可能性が生じることになる。これが多数にのぼれば、求める一つの意味に絞り込むのは容易ではない。方法論としても誤る可能性が大、実際問題としても効率の悪いこと甚だしいわけだ。

最も効率が良いのは、当然、語彙索引や熟語索引で、直接「ＰＱ」を探し求めることである。「ＰＱ」を探し出したら、その釈義を読み、ざっと例文に目を通す。「ざっと」と言うのは、たいていの例文が漢文ゆえに難解で、辞典によっては、せいぜい返り点しか付いていないため、漢文に慣れ親しんでいなければ、とても十全な理解は望めないからだ。目当ての「ＰＱ」がどのように使われているかさえ大まかに把握できれば、差し当たりは十分だろう。その作業が終わったら、今度はＰ・Ｑそれぞれの語義を見て、Ｐのどの意味とＱのどの意味とが組み合わさって「ＰＱ」になっているかを確認する。これは理解を固めることだけが目的ではない。ＰとＱの語義を読んで、「ＰＱ」の釈義を正しく揺らすための許容範囲を見きわめるのが目的だ。というのも、辞典に記されている「ＰＱ」の釈義が、自分が閲読している文脈での「PQ」の意味合いと完全には一致しない場合も多いからである。その場合には、P・Qそれぞれの語義をにらみつつ、たぶん許されると思われる範囲のなかで、「PQ」の釈義を自分なりに書き改めなければならない。これを慎重かつ柔軟に処理できれば、ようやく求める意味が浮かび上がることとなる。

では、辞典に「PQ」が見当たらなければ、どうするか。まずはPの字形を確認する。Pに酷似する他の漢字をPと誤認していないか、たしかめるわけだ。むろん、Qの字形についても確認が必要である。もし字形に見間違いがなければ、今度はP・Qの字音について、読み誤りがないかを確認する。そこで改めてPに掲げられた漢語を逐《お》って、「PQ」の有無を調べてゆく。索引に「PQ」が載っていないからといって、すぐあきらめてはいけない。索引に欠陥があることは珍しくなく、なぜか求める漢語に限って索引から脱落している場合があるものだ。Pに掲げられた漢語を丁寧に調べ、「PQ」を探し求める作業は欠かせない。

それでも「PQ」が見当たらなければ、どうするか。言うまでもなく、他の辞典をも調べてみるのが常道である。英和辞典について言われるのと同じく、漢和辞典についても「最低でも三種類の辞典を調べる必要がある」わけだ。数種の漢和辞典を調べても、なおも「PQ」が見当たらなければ、「PQ」の転倒形「QP」や、Qを同訓異字のRに入れ換えた「PR」を調べてみる。あるいは、もしかすると「PQ」が他の漢語「XY」と互い違いに組み合わさった互文「PXQY」がないか、その変形「PYQX」「QYPX」などがないかを確認してみたりもする。あれやこれや周囲を調べる作業を通じて、ふと「PQ」の語義にたどりつけることも少なくない。

どうしても探しあぐねたときは、一般に漢和辞典が載せるのを嫌う和製漢語かと考え直し、大型の国語辞典を引いてみるのも一法だ。これによって、あっさり解決してしまうこともある。

どこにも「PQ」が見当たらなければ、最後の手段として、最初に記した拙劣な作戦、すなわち「P＋Q＝PQ」が成り立つ僥倖《ぎょうこう》を期待しつつ、P・Qそれぞれの語義から「PQ」の意味を考える方法に訴えるしかない。ただし、そうなったとしても、「書き手の造語に違いない」と速断するのは禁物だ。辞典に載っていないからといって、その漢語が存在しないとは限らない。往時、漢文訓読体の書き手たちは、薬草書・農業技術書あるいは漢訳洋書をも含め、大量かつ多方面の漢文に囲まれていた。何らかの文献によって、大型の漢和辞典にさえ載録されていない漢語にも触れていた可能性は否定できない。

以上、くだくだしく辞典調べの手続きを記したが、これ以外にも種々の工夫があるはずだ。それについては、実際の作業を通じて、自ら徐々に体得してゆくしかない。

（2）訓読表現

上下で語句が呼応する相関語句のごとき訓読表現は、いわゆる句形に詳しい漢文関係の参考書で容易に調べがつく。「〜をして…せしむ」は使役形「使《しム》㆓N《ヲシテ》V《セ》㆒」、「況んや《いは》〜をや」は抑揚形「況《いはンヤ》〜《ヲ》乎《や》」、「また〜ならずや」は反語形か感嘆形「不《ず》㆓亦《まタ》〜《ナラ》㆒乎《や》」、あるいは「ただに〜のみならず」であれば累加形「不《ず》㆓唯《たダニ》〜《ノミナラ》㆒」という具合だ。相関語句ならずとも、一応は確認が必要とあらば、「〜せざるべからず」「〜せざるを得ず」なども、否定形のなかの二重否定表現「不《ず》㆑可《べカラ》㆑不《ざル》㆑V《セ》」「不《ず》㆑得《え》㆑不《ざルヲ》㆑V《セ》」として調べることが可能である。漢文にいう句形はかなり範囲が広く、二重否定や禁止命令をも否定形に含めて説明するのが一般だ。

いかにも漢文らしい響きの言い回しは、訓読表現だとの見当がつきやすく、また、実際にも調べやすいのである。肝腎なのは、索引が充実した参考書を手もとに置くことだ。どれほど優れた参考書でも、索引が付いていなければ、調べるのに手間がかかって仕方ない。我々が必要とするのは、漢文そのものから訓読表現を調べるのではなく、訓読表現から漢文に溯《さかのぼ》って確認する作業なのである。

これに比べると、単なる語句としての訓読表現は、たいていが一語、せいぜい二語くらいにすぎず、字面《じづら》が甚だ短いため、また、その訓読みが通常の日本語とまったく同じため、目にも耳にも訓読表現だと気づきにくい。加えて、その種の語句は、句形に組み入れづらいので、かなり句形に詳しい参考書などでも載せていないことがある。これが思わぬ落とし穴になるわけだ。要するに、時おりひょこっと顔を出すものの、特に際立った印象がないため、そのまま看過《みす》ごしやすく、たとえ些少の引っ掛かりを覚えても、すぐ調べられるとは限らないので、つい疎《おろそ》かにしてしまいがちなのである。この種の語句に対して慎重かつ確実に臨むのが、漢文訓読体の読解における一つの骨法だろう。「すでにして」「わづかに」などが、その典型だ。実例は次の第三章で示す。

（3）典　拠

漢文訓読体には、時として何らかの典拠を踏まえた字句が現れる。大づかみに言って、漢文の表現をそのまま、または、ほとんどそのまま引用しているような場合と、漢文に見られる有名な場面や名高い故事を念頭に置いて綴っているような場合とがあろう。

前者の場合は、事の性質上、書き下し文そのもの、あるいは限りなく書き下し文に接近することとなる。前掲の「また悦《よろこ》ばしからずや」（『すゝめ』047-4／『論語』学而→12頁）が、その典型にほかならない。粗雑な物言いを許してもらえれば、何かと『論語』の字句の引用が目立つ印象だ。かつて『論語』は日本の知識人に共通の古典であったため、だれでも理解できるだろうとの前提から、たびたび出典を示すことなく引用されるわけである。『孟子』から引かれた字句も少なくない。いずれにせよ、要《かなめ》となりそうな語句を漢和辞典で調べれば、たいていは出典の見当がつくかと思う。

往時の漢文学習は、何を措《お》いても暗誦が重んじられたため、書き手も、原文を確かめることなく、記憶に頼って引用している場合が多い。その結果、どう見ても引用のはずでありながら、原文とずれを起こすこともある。たとえば、

「古書に温良恭謙譲といひ」（『概略』122–3）の「謙」だ。この一句が「夫子《ふうし》は温良《をんりやう》恭倹譲《きようけんじやう》、以《もつ》て之《これ》を得《え》たり」（夫子温良恭倹譲、以得レ之／『論語』学而）に基づくことは間違いなかろうが、原文「倹」が「謙」になっている。これは、おそらく「恭謙」「謙譲」などの語が干渉した結果、うっかり「倹」を同音の「謙」に作ってしまったのだろう。特に「倹」を「謙」に変える必然性が感じられなければ、こうしたずれは記憶違いによる可能性が高い。読み手としても、あまり神経質にならないことが大切だ。

一方、後者の場合は、なかなか厄介である。何か典拠がありそうだと思っても、当該の場面や故事を知らなければ、立ち往生せざるを得ないだろう。しかし、そのようなときは、焦《あせ》らず諦《あきら》めず、やはり要《かなめ》となる語句の見当をつけて漢和辞典を調べるしかない。これについては、故事辞典の類も役に立つ。殊に、一般に知られている故事の題名そのものだけでなく、その題名に含まれる語句からも調べられるような索引があれば、大いに能率が上がるだろう。これまた粗雑な物言いが許されるならば、『論語』『史記』の名場面や『荘子《そうじ》』『韓非子《かんぴし》』に見える故事などを典拠としていることが多い印象だ。

かつては、「四書」すなわち『大学』『中庸』『論語』『孟子』、そして「左国史漢」つまり『春秋左氏伝』『国語』『史記』『漢書』などが必読書として学習されていた。加えて、『老子』『荘子』『韓非子』なども、きわめて身近な漢籍だったのである。現代の我々とて、こうした古典を背景として綴られた漢文訓読体を読む以上、せめて『論語』は一読しておかねばなるまい。

（4）漢文式表記と漢文の引用

漢文訓読体の統語構造《シンタックス》は、原則として日本語の語順に則るが、例外として、漢文そのものの書き方で語句が記されている場合もある。この現象は、漢文をそのまま持ち込んだというよりも、むしろ候文《そうろうぶん》に近い感覚で書いた結果ではないかと思われるが、いずれにしても、自ら訓読をほどこさねばならない。大半が短い語句なので、レ点を付けるくらいの心構えさえあれば十分だ。いくつか例を挙げておくと——

・如此　↓如《シ》レ此《クノ》（此《か》くの如《ごと》し）

　＊漢文式表記のなかで、最も多用される語句かもしれない。「如此キ」（『実記』085–8 f.l.）・「如此ニ」（『実記』113–4）とあれば、「如《キ》レ此《クノ》」（此《か》くの如《ごと》き）・「如《クニ》レ此《クノ》」（此《か》くの如《ごと》くに）と読む。「キ」「ニ」は、それぞれ「如此」の読み方を示すために添えられた仮名で、「此」字に付けた送り仮名ではない。

・所云　↓所レ云《フ》（云《い》ふ所《ところ》）

　＊「所謂《いはゆる》」の「謂《いフ》」を同訓同義の「云《いフ》」に書き換えたものと見なし、「所云《いはゆる》」と訓ずる余地もある。ただし、「所云の」（『概略』031–1）とあれば、「所レ云《フ》（云《い》ふ所《ところ》）の」と読むしかない。

・不苦　↓不レ苦《シカラ》（苦《くる》しからず）

　＊日本語の言い回しそのものとして用いられている例（『概略』067–7 f.l.）がある。

・無拠　↓無《ク》レ拠《ンドコロ》（拠《よ》んどころ無《な》く）

　＊「拠」一字で「よりどころ」と訓じてよい。「よんどころ」は、その撥音便。ただし、これを「やむをえず、しかたなく」の意に用いる（『概略』289–2 f.l.）のは、日本語としての用法である。

懸念するとおり、時として生《なま》の漢文が引用されていることもある。訓読表現から漢文に溯る搦《から》め手《て》戦法を採っている我々にとって、これは荷が重い。漢文をただちに訓読できる実力があれば、そもそも搦め手戦法など必要ないからだ。

・瀛環志略《えいくわんしりやく》ニ仏人尚㆓豪侠㆒、気高亢、飲酒慷慨、終日歌舞無㆓戚容㆒、トイヘルハ、其状《そのじやう》ヲ尽《つく》セリ（『実記』035–5）
・夫《そ》レ恵而不㆑費ハ、政《まつりごと》ノ良模《りやうぼ》ナリ、民ハ可㆑使㆑由㆑之、而不㆑可㆑使㆑知㆑之ハ、小民《せうみん》ヲ済理《さいり》スルノ妙用《めうよう》ナリ（『実記』086–3）

返り点が付いているので、まだしも救われた気にはなる。しかし、読む順序こそわかるものの、どのように訓読するかとなれば、まったく別の話だ。

このようなとき、校訂本は実にありがたいもので、巻末の校注から、後者の二句は「恵《ニシテ》而不㆑費《ヤサ》」（恵《けい》にして費《つひ》やさず／『論語』堯曰）および「民《ハ》可㆑使《シム》㆑由《ラ》㆑之《ニ》、不㆑可《カラ》㆑使《ム》㆑知《ラ》㆑之《ヲ》」（民《たみ》は之《これ》に由《よ》らしむべし、之《これ》を知《し》らしむべからず／『論語』泰伯）だとわかる。「民ハ……」に見える「而」は衍字《えんじ》で、やはり書き手が記憶を頼りに『論語』の字句を引いた証左と言えるだろう。敢えて「而」を残したまま訓読すれば、「……之《これ》に由《よ》らしむべくして……」となる。なお、「良模」は、正しくは「良謨」か。

ところが、前者については、巻末の校注を見ても、『瀛環志略』の原文たる漢文が、これまた返り点付きで引いてあるだけ、しかも、その漢文の字句と右の引用とに明らかな食い違いがあるとなれば、腹を据《す》えて訓読を試みるしかない。ざっと次のようになろうか。「ざっと」と言うのは、訓読が常に一つの読み方に決まるとは限らないからである。

仏 人 尚《ビ》㆓豪 侠《ヲ》㆒、気《ハ》 高 亢、飲 酒《シテ》 慷 慨《シ》、終 日 歌 舞《シテ》 無《シ》㆓戚 容㆒

仏人《ふつじん》 豪侠《がうけふ》を尚《たつと》び、気《き》は高亢《かうかう》、飲酒《いんしゆ》して慷慨《かうがい》し、終日《しゆうじつ》 歌舞《かぶ》して戚容《せきよう》無《な》し。

これは理解しやすい漢文なので、「尚」「高亢」「戚容」くらいを漢和辞典で確認すれば、事がすむ。もし難解な漢文が返り点すらなく剝《む》き出《だ》しのまま長々と引用されていたら、どうするか。他無し、漢和辞典と首っ引きで粘り強く取り組むしかない。

二 和文要素

(1) 和　語

漢文訓読体を閲読していて、和語の語彙それ自体に悩まされた覚えはない。「いはけなし」「おどろおどろしう」「みぐしおろす」など、いかにも古文らしい単語が飛び交うおそれは皆無に等しいだろう。稀に現れたとしても、古語辞典さえ引けば事は解決する。

特に救われる思いがするのは、古文で頭痛の種となる敬語表現に乏しく、ややこしい推量や婉曲の助動詞もきわめて種類が少ないことだ。二重敬語「〜させたまふ」の類を見かけた記憶はなく、助動詞「けむ・まし・めり・らし・らむ」などを目にすることもない。その結果、助動詞どうしの結合も単純にして少数にとどまり、「ならず」「べからず」など、打消の助動詞「ず」との組み合わせが殊に目立つだけだ。「なんめり」「べかんめり」などが姿を現すことはないのである。

語彙として最も引っ掛かりを覚えるのは、係助詞「なん」(「なむ」の撥音化)と「こそ」だろうか。前述のように(→25頁)、どちらも一般に漢文訓読では用いない係助詞のため、通常の訓読感覚には違和感をもたらす語である。ただし、解釈に手を焼く危険性はない。もし「なん」が文末にあれば、古文の読解における定石どおり、適宜「言ふ」

「聞く」または「見《み》ゆ」などを補って理解するという程度である。

金剛石《ダイヤモンド》ノ価《あたひ》ハ、非常ニ貴《たか》ク、美悪《びあく》ノ差多《おほき》ノミナラス《ず》、贋物《がんぶつ》甚《だ》タ多キヲ以テ、監定《かんてい》モ甚《だ》タ難《かた》キトナンヽ、（『実記』078-7）

この例では、「ナン」の下に「見エタリ」を補っておけばよいだろう。「言ヘリ」でも「聞ケリ」でも、間違いではあるまい。

（2）相関表現

上下の語句が呼応する相関表現も、和語についてはほとんど記憶になく、不可能「え〜ず」をはじめ、禁止命令「な〜そ」はもちろんのこと、反実仮想「〜ましかば…まし」も見かけない。不可能は「〜すべからず」「〜する（こと）能《あた》はず」「〜する（こと）を得《え》ず」、禁止命令は「〜する（こと）勿《な》かれ」とし、反実仮想については仮定形「苟《いやしく》も〜せば…せん」などで代用してしまうのが、漢文訓読体ならではの筆法だ。

総じて、漢文訓読体における和語の負担は甚だ軽い。読み手に重くのしかかるのは、やはり多種多様の漢語と訓読表現なのである。むろん、助動詞「べし」の多義性などは、おいそれと解決できるはずもなく、たびたび現れるごとに、可能か推量か、または当然なのか義務なのか、あるいは他の意味か、と慎重に解釈せざるを得ないが。

三　境界領域要素

ここに謂《い》う境界領域要素とは、《語義従漢原理》の例外として、漢字または漢語の語義に〈和文要素混入現象〉が起こり得る要素を指す。具体的には、漢字そのものの意味に日本語の意味が入り込み得る国訓と、漢語の意味が日本語としての意味に変わり得る和漢異義語とが、主たる境界領域要素となる。

（1）国　訓

国訓とは、漢字に付与された日本独自の意味を、そのまま訓読みとして用いるものである。本来の漢語としての意味になるのか、それとも日本語として国訓の意味になるのかは、もっぱら文脈に頼って判断するしかない。

ただし、左に掲げるような語は、国訓を積極的に利用して和語を表記しているのであるから、本来それぞれの漢字が何を意味するのかについて思い悩む必要はあるまい。すらりと読めるようにしておけば十分である。

〔副　詞〕遉《さすが》に　慥《たしか》〔慥〕に　礑《はた》と
〔副助詞〕抔《など》
〔接続詞〕偖《さて》　扠《さて》　併《しか》し

あまりに見慣れた「若」にも注意したい。「若し」とあれば、漢文訓読体での第一感は「若《も》し」または「若《ごと》し」だ。日本語で当然の読みとしている「若《わか》し」は、実のところ国訓にすぎず、漢字「若」本来の意味ではないのである。「わかし」は「少《わか》し」と書くのが漢文訓読体だ。当然「少《すくな》し」と読む場合もある。とはいえ、いつどこに「若《わか》し」が現れないとも限らない。うっかり「若《わか》し」と読まないように注意しつつも、「若《わか》し」が登場する可能性は否定しない——こうした心構えが必要なのである。

国訓が最も大きな問題となるのは、名詞であろう。副詞の類と異なり、ふつうは送り仮名が付かないために読みが確定しづらく、また、接続詞や副助詞などと違って、文中における位置や他の語句とのつながり具合から読みが決まるわけでもない。もっぱら文脈によって、本来の字義なのか国訓の字義なのかを弁別しなければならないのである。すでに言及した「鬼」（→27頁）は、始末が良いほうだ。極端な場合には、本来の字義と国訓とが互いに入れ替わってしまう例さえある。「甲」と「冑」がそれだ。もともと漢語としては「甲《よろい》」「冑《かぶと》」の意なのだが、これを日本では取り違えて国訓とし、誤って「甲《かぶと》」「冑《よろい》」の意に用いることがある。現に、カブトムシを「甲虫」と書くことがあり、また、兵庫県は神戸市街の背後にそびえる六甲山《ろっこうさん》は、神功《じんぐう》皇后が六つのカブトを埋めたとの伝説から「六甲山」と名づけられたという。もちろん、「甲冑《かっちゅう》」と記されていれば、どちらがどちらの意味でも、結果として字義にずれは生じない。しかし、「甲」または「冑」が単独で現れると、いったい漢語本来の意味なのか、それとも国訓としての意味なのか、わけがわからなくなってしまうのだ。国訓の字義を〔和〕、漢語本来の字義を〔漢〕としてまとめておけば、〈表9〉のようになる。

国訓が動植物類に及んだ場合は、ほとんど手の着けようがない。幸田露伴「普通文章論」（明治四十一年〔一九〇八〕）が紹介する嘆かわしい笑い話を承知しておけば、国訓の質《たち》の悪さがよくわかるだろう。要約して示す。

ある病人が、病状が快方に向かってきたので、医者に手紙を書き、「鮭を食べてもよいか」と問い合わせた。医者は「鮭《さけ》なら差し支えない」と返事をした。ところが、病状が急変したとの知らせを聞いて医者が駆けつけると、何と河豚《ふぐ》を食べたのだという。医者が「なぜ河豚《ふぐ》なぞ食べたのか」と怒ると、病人は苦しい息の下から「鮭《ふぐ》を食べてもよいかと尋ねたではないか。鮭《さけ》について問い合わせたわけではない」と恨んだが、もはや手遅れ、そのまま亡くなってしまった。

（岩波文庫『露伴随筆集』下「言語篇」九八〜九九頁）

事は「鮭」と「鮭」の二字に係る。字義について整理すれば〈表10〉のようになろう。病人の言い分は、「鮭《ふぐ》」は本来の字義に適《かな》ったもの、「鮭《さけ》」とは異なるというわけだ。医者のほうは、日本語の慣用に従って「鮭《さけ》」「河豚《ふぐ》」と記す習慣だったに違いない。たしかに、「鮭《フグ》」と「鮭《サケ》」では話が大きく食い違ってしまう。

動植物類に関する国訓がらみの煩わしさは、枚挙に遑《いとま》がないほどだ。若干の例だけを〈表11〉に示しておこう。

こうした動植物類は、どこまでいっても文脈以外にほとんど字義の判断材料がない。意味が最終的に確定できないままという場面も十分にあり得る。「鮎《あゆ》」と「鮎《なまず》」では印象が大きく異なるから、なかなか事が面倒だ。日本語で「若鮎《わかあゆ》のような少女」と言えば、細身《ほそみ》の美少女の姿が目に浮かぶ。しかし、漢字「若鮎……少女」だけを拾って律儀に訓読すれば、「若キレ鮎ノ少女」すなわち「鮎《なまず》の若《ごと》き少女」となり、髭《ひげ》でも生えているのかという話になってしまうわけだ。「萩」や「柏」は、どちらの意味に転がっても似たようなものだと踏み倒すことができるかもしれない。しかし、「粟」については、うっかり「アワ」と決め込むと、実は「五穀」、さらに転じて「俸禄」の意味だったという場合があり、もちろん、その逆の場合もあり得る。漢文訓読体の閲読にさいしては、一瞬たりとも国訓に対する警戒を怠ることはできない。

〈表9〉国訓1
「甲」と「冑」

甲	冑
〔和〕かぶと 〔漢〕よろい	〔和〕よろい 〔漢〕かぶと

〈表10〉国訓2
「鮭」と「鮭」

鮭	鮭
〔和〕サケ 〔漢〕フグ	〔和〕サケ 〔漢〕魚の生臭さ

最後に、副詞「漸《やうや》く」について注意を促しておこう。短い語だけに、つい素通りしやすいものの、頻用される副詞のため、基礎知識をわきまえておかねばなるまい。

漢字を用いて「漸く」と記されていようが、仮名で「やうやく」と書いてあろうが、漢語「漸」に基づくかぎり、語義の問題は生じない。「漸進」「漸増」などの熟語からわかるとおり、漢語「漸」は、あくまで「しだいに、だんだん」の意である。

　けれども、これが和語としての「やうやく」だとすると、少し事が面倒になる。和語「やうやく」には、漢語と同じく①「しだいに、だんだん」の意だけでなく、②「やっと、どうにかこうにか」の意もあるからだ。

　平安時代、漢文の訓読には「やうやく」が、和文の文脈ではウ音便「やうやう」が使われた。例の「春はあけぼの。やうやう白くなりゆく山ぎは……」（『枕草子』冒頭）を想い起こせば、すんなり納得できるに違いない。この「やうやう」は、周知のとおり①「しだいに、だんだん」の意である。

〈表11〉国訓3　動植物類の例

鮎	（和）「あゆ」アユ	（漢）「なまづ」ナマズ
萩	（和）「はぎ」ハギ	（漢）「シウ」ヨモギ
柏	（和）「かしは」カシワ	（漢）「ハク」ヒノキなどの常緑樹
粟	（和）「あは」アワ	（漢）「ゾク」五穀・俸禄

しかし、その後、鎌倉室町時代には「やうやく」にも「やうやう」にも②「やっと、どうにかこうにか」の意が現れた。これがそのまま現代語「ようやく」の意味につながってくることは言うまでもない。語義の変遷を簡略に図示すれば、〈図1〉のようになる。

　和語②の意味は、漢語から見れば国訓であり、和語①から見れば派生義だ。漢文訓読体に臨む我々としては、当然、国訓の②を嫌い、現代語の干渉をも避けるべく、漢語と一致する①の意に解釈しようとするのが基本的な態度となる。しかし、漢文訓読体の「漸く」は、実際②の意になることもあるので、話がややこしい。

　その期限漸く近くして今月今日と迫るに従って（『すゝめ』125-2 f.l.）

　この「漸く」が①「しだいに、だんだん」の意味であることは、下接する「近くして」から見て、まず間違いあるまい。数学用語「漸近線」も、思わぬところで役立つものだ。ところが――

男子年長《とし》じて、或いは工に就《つ》き、或いは商に帰《き》し、或いは官員と為《な》りて、漸く親類朋友の厄介《やっかい》たるを免かれ

（『すゝめ』084-6 f.l.）

右の「漸く」は、②「やっと、どうにかこうにか」の意にしか解せないだろう。漢語に裏打ちされた①「しだいに、だんだん」だけでは片づかない。むろん、場合によっては、①なのか②なのか、意味合いを確定しかねることもある。

物論《ぶつろん》漸く鎮《しづ》まりて爾来《じらい》世間に攻撃の声を聞かず（『すゝめ』163-3 f.l.）

果たして①「物議が少しずつ鎮まった」のか、それとも②「物議がやっとのことで鎮まった」のか、いずれとも決めがたい。「漸く」は、見かけによらず、なかなか面倒な副詞なのである。

〈図1〉「漸く」——語義の変遷

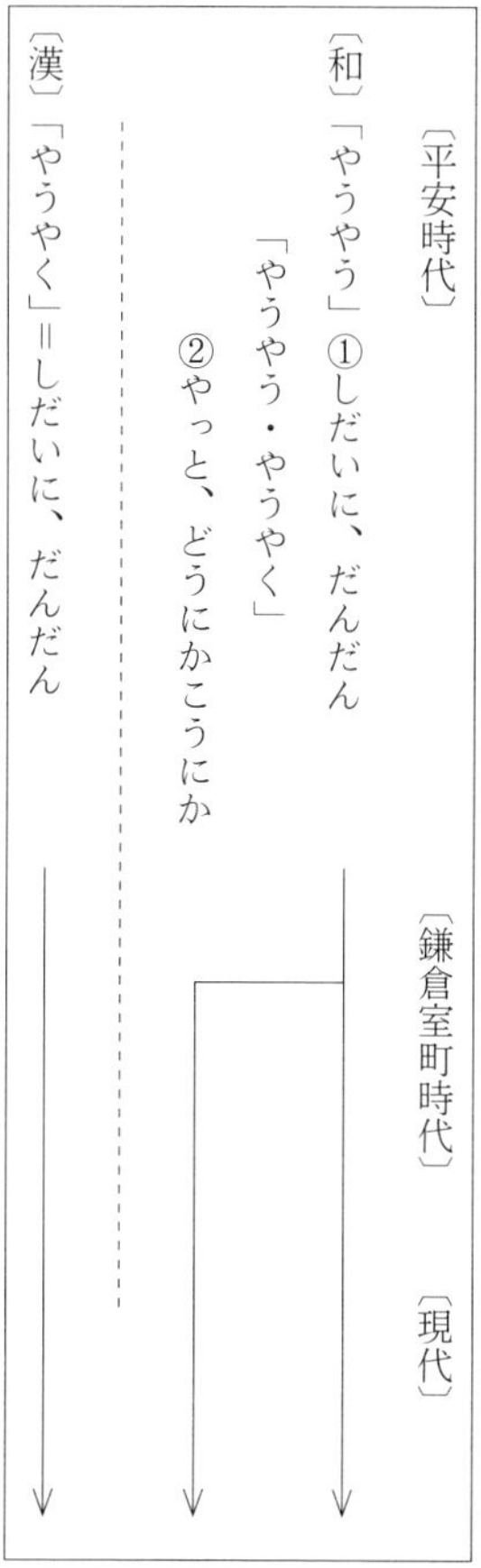

同じく副詞の「頗《すこぶ》る」は、もともと漢語「頗」に①「少し、やや」と②「多く、かなり」の相反する二つの意味があり、和語「すこぶる」にも程度が小さいことを表す①と程度が大きいことを表す②とが共存していた。古文では、どちらの意味なのか、

今一つ判然としないことも多い。しかし、その後、漢語「頗」も和語「すこぶる」も、しだいに②の語義に傾いてゆき、②が①を圧倒して現代に至っている。その趨勢《すうせい》を反映しているのか、漢文訓読体では②を意味することが一般のようだ。「すこぶる」の「すこ」が、元来「少《すこ》し」の「すこ」と同根だという意識がまったく薄れ、「ぶる」の強い響きが①から②への流れを推し進めたのかもしれない。もし相反する意味の①と②が拮抗《きっこう》しつつ生き残ってきたとすれば、甚だ手を焼く語になっていたはずだが、実のところ、漢文訓読体における「頗る」の語義は、「漸く」よりも捌《さば》きやすいものと見受ける。語義の来歴が多少とも「漸く」に似た型を持つ語のため、ここに「頗る」について一言しておく。

（2）和漢異義語

国訓が漢字一字の字義に和文要素が混入する現象であるのに対し、和漢異義語は漢字二字以上の熟語の語義に和文要素が混入する現象である。

和漢異義語は、日本人が長らく漢語を使っているうちに、ある特定の意味だけに語義が偏《かたよ》ったり、もともと漢語にはなかった意味合いが付け加わったり、たまたま和語の当て字として用いられる漢字語が本来の漢語としても異なる意味で存在していたり、あるいは、日本人が漢語の意味を誤解したりしたために、結果として、和語としての通常の意味と本来の漢語としての意味とのあいだに明確な差異が生じた熟語だ。

語義に関する問題点も、それに対する注意点も、ほとんど国訓に変わらない。そこで、ただちに代表的な和漢異義語を挙げれば、〈表12〉のようになる。上欄で読み仮名が付いていない語は、下欄の「　」内に示したように、〔和〕と〔漢〕で読み方も異なるのが通例だ。

まずは〈表12〉を一瞥して、どのような和漢異義語があるのかを認識してほしい。すでに「人間」「百姓」につい

〈表12〉和漢異義語の代表例

遠慮《あんりよ》	〔和〕気がねして言動を控えめにする。 〔漢〕先々のことまで深く考える。
学者《がくしや》	〔和〕学問に優れた人。研究者。 〔漢〕学問をする人。学生。知識人。
区区	〔和〕「まちまち」それぞれ異なるさま。 〔漢〕「クク」　取るに足りない小さいさま。
結構《けつこう》	〔和〕良い。十分である。 〔漢〕組み立て。構造。
故人《こじん》	〔和〕亡くなった人。 〔漢〕古くからの友人。
時雨	〔和〕「しぐれ」晩秋〜初冬の通り雨。 〔漢〕「ジウ」　折よく降ってくる雨。
小人	〔和〕「セウニン」子ども。 〔漢〕「セウジン」つまらぬ人物。
丈夫	〔和〕「ヂヤウブ」健康である。こわれにくい。 〔漢〕「ヂヤウフ」一人前の男子。
人間	〔和〕「ニンゲン」人。 〔漢〕「ジンカン」世の中。世間。
新月《しんげつ》	〔和〕陰暦の月初めの月。 〔漢〕東に昇ったばかりの月。

ては取り上げた（↓7・25頁）が、なかなか手強そうな語が並んでいる。あくまで《語義従漢原理》に則って〔漢〕の意味に解し、どうにも雲行きが怪しいとなれば、《和文要素混入現象》が起こっていると見なし、改めて〔和〕の意味に従って理解しにゆくのが基本的な態度だ。それぞれ字《じ》面《づら》が同一である以上、やはり最終的には文脈に頼って判断するしかない。ただし、「結構」「丈夫」「真面目」「是非」「大丈夫」「馳走」「扶持」などは、〔和〕と〔漢〕で品詞の趣が異なるので、和漢異義語であることさえ失念しなければ、おおむね理解は容易であろう。

「区区」は、判別に難渋する場合がある。何かを「区区《くく》」すなわち取るに足りない小さなさまの物に分かてば、当然それぞれ異なる「区区《まちまち》」のありさまになるからだ。逆も真なり。「区区《まちまち》」の物一つひとつを見れば、「区区《くく》」つまり取るに足りない小さなさまに映っても不思議ではない。現に次のような一節がある。

語		
真面目	〔和〕「まじめ」　真剣で誠実なこと。	〔漢〕「シンメンボク〔モク〕」本来の姿。真価。
成敗	〔和〕「セイバイ」処罰。裁判。	〔漢〕「セイハイ」成功と失敗。
是非《ぜひ》	〔和〕どうあっても。必ず。	〔漢〕正しいことと間違ったこと。
大丈夫	〔和〕「ダイヂヤウブ」問題がない。確実である。	〔漢〕「ダイヂヤウフ」意志の強い立派な男子。
大人	〔和〕「おとな」　十分に成長した人。「ダイニン」おとな。	〔漢〕「タイジン」徳の高い人物。
多少《たせう》	〔和〕少し（「少」に重みがある）。	〔漢〕多い（「多」に重みがある）。
馳走《ちそう》	〔和〕美味しい食べ物。	〔漢〕馬に乗って走り回る。
百姓	〔和〕「ヒヤクシヤウ」農民。	〔漢〕「ヒヤクセイ」　一般庶民。民衆。
扶持	〔和〕「フチ」家臣にわたす俸禄。	〔漢〕「フヂ」支え助ける。
勉強《べんきやう》	〔和〕学習に励む。値段を下げる。	〔漢〕努力する。無理強いする。
庖丁	〔和〕「ハウチヤウ」料理用の刃物。	〔漢〕「ハウテイ」　料理人。

もし運動の理を論ずるに当《あたり》て、この定則（＝ニュートンの万有引力の法則）なかりせば、その議論区々にして際限あることなく、船は船の運動を以て理の定則を立て、車は車の運動を以て論の本位を定め、徒《いたづら》に理論の箇条のみを増して、その帰《き》する所の本《もと》は一《いつ》なるを得ず

（『概略』016–7）

この「区々」に校訂者は「区々《くく》」とルビを付けているが、果たして如何だろうか。ニュートンの万有引力の法則によって理論を統一できるはずなのに、「船は船の運動」「車は車の運動」で、それぞれ異なる法則を打ち立て、「徒に理論の箇条のみを増」すことを好ましくないと批判する趣旨なのだから、「区々《まちまち》」と訓じても差し支えあるまい。正直なところ、私見では「区々《まちまち》」が第一感だ。とはいえ、おのおの別個に立てる法則が、万有引力の法則から見れば、取るに足らぬ小さなさま、す

なわち「区々《くく》」に映るのも事実だろう。いずれが是か非か、なかなか悩ましい場面である。どちらを採るにせよ、意味に決定的な差異が生じない点では、いささか救われる気になるが。

迷惑《めいわく》	〔和〕他人から面倒をかけられて困る。 〔漢〕迷う。どうすればよいのか戸惑う。
料理《れうり》	〔和〕食べ物を作る。 〔漢〕物事を処理する。

それに引き換え、「多少」は難物だ。〔和〕を採るか〔漢〕に解するかで、意味が正反対になってしまう。これは、国訓における字義の逆転例として挙げた「甲」と「冑」（→62頁）どころの騒ぎではない。「多少」と「甲・冑」では、文章に現れる頻度に格段の差があるからだ。

なぜ〔和〕と〔漢〕で「多少」の語義が逆転してしまうのかといえば、「多少」は偏義複辞《へんぎふくじ》とも呼ばれ、〈表12〉に記したように、どちらか一つの字に意味の重みが偏《かたよ》り得る性質の熟語だからである。教育勅語（明治二十三年〔一八九〇〕）に見える「一旦緩急《くわんきふ》アレハ《ば》」の「緩急」と同じだ。この「緩急」は、「緩」に意味はなく、「急」にだけ意味があり、単に「危急」の意となる。要するに、偏義複辞とは、反意語を組み合わせ、いずれか一方にのみ語義を担《にな》わせる言葉にほかならない。結果として、どちらに重みがかかるかにより、まったく正反対の意味になってしまうわけだ。「緩急」については、「緩」に重心が傾いた用例を目にした記憶はないけれども。

では、もし「多少ノ軍隊ヲ派遣スベシ」と記されていて、〔和〕によって「少しばかりの軍隊」と受け取っても、〔漢〕に基づいて「多数にのぼる軍隊」と理解しても、どちらでも文意が通じるとしたら、どうすればよいのか。その場合は、史実を調べて、軍隊の規模を確認するしかない。どれほど調査しても軍隊の大小が不明の場合、あるいは、その軍隊が単なる仮定の話にすぎず、派遣の準備すら実現せずに終わったような場合は、ひとえに解釈の問題となる。「多少」については、次章（→113頁）で改めて具体例を示そう。たいていは〔漢〕に従って「多い」意に解しておくのが無難のようだが。

和漢異義語は、漢文訓読体の読解に大きな困難をもたらす。取り敢えずは〈表12〉の語句それぞれを銘記し、決して安易に遣り過ごすことのないよう、解釈に最大限の注意を払うことが肝腎だ。

四 その他

(1) 和製新漢語

明治期には、英語その他の訳語として新たな和製漢語が大量に現れた。旧《ふる》い漢語に新たな意味合いを持たせて再生したり(「権利」「思想」「自由」「小説」「文化」など)、まったく新たに漢語を造り出したり(「科学」「幹部」「代表」「哲学」「目的」など)した結果、その語彙の急速な拡大は「爆発的な増加」とまで言われるほどである。とはいえ、その種の新漢語は今なお日常に使われている語も多いので、さほど懸念するには及ばない。たとえ今日では耳慣れない新漢語に出逢っても、辞書さえ丁寧に調べれば、少なくとも意味の見当はつく。たとえば、「窮理学《きゅうりがく》」(「究理学」とも)くらいなら、ふつうの国語辞典を引くだけでも、すぐさま現在に謂《い》う「物理学」のことだと理解できるわけである。

理屈のうえでは、新たな意味を付与されて再生された漢語については、本来の意味との弁別が必要なはずだ。たとえば、新漢語としての「自由」「小説」「文化」は、それぞれ英語〈freedom, liberty〉〈novel〉〈culture〉の訳語だが、もともと「自由」は「思いどおり、勝手気まま」、「小説」は「取るに足らぬ議論、世俗に伝わる興味深い話」、「文化」は「文治によって教化する」意であった。

しかし、実際には、こうした古典時代の旧い語義がそのまま漢文訓読体で幅を利かせることはほとんどないものと見受ける。もし違和感を拭えない場面に出逢ったら、本来の語義を漢和辞典で調べる——この程度の心構えで十分だろう。

（２）外国語１　漢字表記

今日の日本語では、いわゆる外来語をも含め、外国語は片仮名で表記するのが通例だ。けれども、漢文訓読体では、欧米をはじめとする国名・地名・人名などの固有名詞が漢字で記されていることも珍しくない。しかも、用いられる当て字に揺れが生じ、同一の国名や地名に複数の異なる表記が存在する例も少なからず見受ける。

「亜米利加《アメリカ》」が、形容詞「米利堅《メリケン》」に変じても、「米」字からアメリカを指しているとわかるだろう。では「亜墨」はどうか。これは「亜墨利加《アメリカ》」の略にして、やはりアメリカのことだ。ドイツすなわち「独逸《ドイツ》」を一字で記せば「独」が通例とはいえ、「徳」と記されることもある。これは「徳意志《ドイツ》」の略だ。「以」は「以太利《イタリア》」、「白」は「白耳義《ベルギー》」、「瑞」は「瑞士《スイス》」または「瑞典《スウェーデン》」、「嗹」は「嗹馬《デンマーク》」である。デンマークは、「丁抹《デンマーク》」とも記すので、意外にわかりづらい。

「巴里《パリ》」ならば問題ないが、「巴黎《パリ》」には一瞬まごつくかもしれない。これが「倫敦《ロンドン》」になると、大きく字面が変わって「龍動《ロンドン》」とも記される。「蘇士《スエズ》」「北明翰《バーミンガム》」「波希米《ボヘミア》」などは、ほとんどお手上げ状態ではないか。「圧瀾的海」が「圧瀾的《アトランティク》海」すなわち大西洋〈Atlantic Ocean〉のことだとわかるまでにも、それなりの時間を要する。

「沙翁《さおう》」が「沙士比阿《シェークスピア》」〈Shakespeare〉、「拿翁《なおう》」（「奈翁」「那翁」とも）が「拿破侖《ナポレオン》」〈Napoléon〉を指すことは常識だろうが、「維廉《ウィリアム》」や「以利沙伯《エリザベス》」には手こずる可能性が高い。「査爾斯《チャールズ》」「路易《ルイ》」「非立《フィリップ》」「顕理《ヘンリー》」などについては、大きな抵抗を感じるだろう。ある文章に片仮名で「ビスマルク」と書いてあるのを見て安心していると、他の文章では漢字で「比斯麦《ビスマルク》」と記されていたりもする。

こうした固有名詞の漢字表記は、知っていればそれまでだが、知らなければ立ち往生するのみだ。苦し紛れの当てずっぽうは禁物、当て字表記に詳しい辞典を調べ、正確な固有名詞に変換する慎重さが求められる。どうしても調査が行き届かないときは、国名・地名・人名などの現代中国語による表記を手がかりにするのも一法だ。大半の中国語辞典が付録に収めている。ただし、右に触れたデンマークは、現代中国語では「丹麦」と書くので、「嗹馬」や「丁抹」と相俟《あいま》って、いたずらに混迷を深めるだけかもしれない。

けれども、実際には、こうした固有名詞よりも、漢字で記された普通名詞のほうが、はるかに煩わしい印象だ。たとえば「骨喜」はどうか。そもそも「骨喜」二字が外国語に見えるだろうか。思案投げ首のまま律儀に「骨《ほねヨリ》喜《よろこブ》」なぞと訓読し、たぶん「心の底から喜ぶ」意だろうと、珍妙きわまる解釈を下してしまうおそれなしとしまい。しかし、何を隠そう、これは広東語の発音で「骨喜《クワッヘイ》」（↑〔仏〕café《カフェー》）すなわちコーヒーだ。なまじ現代日本語で「珈琲《コーヒー》」、現代中国語で「咖啡《コーヒー》」と書くのを承知していたりすると、かえって理解を妨げる結果になるかもしれない。そのまま「咖啡」（『実記』240–6 f.l.）と記されていれば安心だが、「骨喜」や「骨非」はもとより、「呵啡《カッフェー》」（『実記』255–4 f.l.）のごとき表記にさえ悩まされる危険があるからだ。この「咖啡」と「呵啡」のように、同一の書物のなかで異なる当て字が用いられていることも稀ではない。

当て字を用いた普通名詞の出現率は、固有名詞に比べれば格段に低いだろう。とはいえ、いざ現れると、甚だ手を焼き、誤読を犯す危険性が高い。漢字による外国語の当て字表記が決して固有名詞に限らぬことを銘記しておく必要がある。

（3）外国語2　片仮名表記

では、外国語が片仮名で記されてさえいれば問題は生じないのかというと、実はそうとも限らない。史実を踏まえて臨めば、人名・地名その他の固有名詞は、片仮名が示す近似音から、枉《ま》がりなりにも推測がつくだろう。けれども、やはり普通名詞は始末が悪い印象だ。現代の片仮名表記とは字面《じづら》が異なる語句も珍しくないからである。

「スピイチ」や「スタチスチク」は、苦もなく〈speech〉《スピーチ》〈statistics〉《スタティスティックス》だとわかる。「ミッヅルカラッス」（『すゝめ』051–4）となると、中産階級を意味する〈middle class〉《ミドル クラス》かと見当がつくまで、いくらか時間を要するだろう。これが「マルチルドム」（『すゝめ』070–7 f.l.）に至ると、〈martyrdom〉《マータードダム》すなわち殉教・殉死の意味だと確定するまで、思いのほか手こずるのではあるまいか。まずは「マルチルドム」をローマ字で〈mar[l]ut[ch]ir[l]udomu〉とでも綴ってから、やおら英語風に変換して〈mar[l]t[ch]ir[l]dom〉とし、文脈をにらみつつ、似たような綴りの適語を英和辞典で探し求めるしかないだろう。言うなれば、英語を学びはじめたころ、〈sometimes〉《サムタイムズ》をローマ字風に「ソメティメス」と読んで綴りを覚え込もうとしたのと逆の作業を行うわけである。邪道とはいえ、道は道。むげに捨てた物ではない。

むろん、片仮名書きの外国語が、すべて英語に由来するとは限らず、フランス語やドイツ語・オランダ語などの場合もあり、そのまた英語形ということもある。そこへ濁点の無表記や促音の並み表記まで絡まれば、わずか一語を確定するのに長々と時間を割《さ》くことも珍しくない。「キョッチン」（『実記』047–2）を見ただけで、フランス語〈guillotine〉《ギヨティヌ》つまりギロチンだと言い切れる向きは皆無だろう。「ハニルラ」（『実記』138–4 f.l.）には、つい「春韮《はるにら》」の誤植かと思いたくなるほど困惑させられるが、これはスペイン語〈vainilla〉《バイニリャ》のオランダ語形〈vanille〉か英語形〈vanilla〉すなわちバニラである。たぶん、漢字表記「法尼拉《バニラ》」や「巴爾剌《バニラ》」に優るとも劣らぬ難しさだろう。

濁点無表記の可能性があること。原語の綴りで同一の子音字が重なっていると、促音として「ッ」や「ㇽ」（/-ll-/または/-rr-/の場合）を用いる傾向があること。しかも、その促音の字を小さく書かず、並みの大きさで「ツ」「ル」と記す場合もあること――解読上の心得を簡略にまとめてみれば、まずはこのくらいか。

片仮名書きの外国語も、普通名詞が予想以上に面倒だ。たいていは文脈の助けが見込めるので、過度に怖れる必要はないけれども。

第四節　発　音

漢文訓読体にとって、発音は悩ましい問題である。漢文訓読と同じく、音読みか訓読みか、よくわからないことも多く、たとえ音読みするとしても、どう読めばよいのか、迷うことが少なくない。ここでは、最も基本的な注意点を記すにとどめる。

㈠　音読み

日本語における主要な漢字音は、〈表13〉に示す漢和辞典の表示例からわかるように、呉《ご》音・漢《かん》音・唐《とう》音・慣用《かんよう》音の四種だ。漢文訓読では、原則として漢音を用いることになっている。ただし、これは甚だ緩《ゆる》い性質の原則にすぎず、漢文訓読体においても、目の粗《あら》い笊《ざる》のごとき原則でしかない。

たしかに、漢文訓読体である以上、漢文訓読と同じく、たとえば「兄弟」は、漢音で「ケイテイ」と読むのが好ましいだろう。使い慣れている呉音「キョウダイ」をわざわざ抑えて「兄弟《けいてい》」と読み、意味を問われれば「兄弟《きょうだい》」と答えるのだから、何やら馬鹿げた気もするが。もちろん、日ごろ漢音で「セイシ」「ダンジョ」と読み慣わしている「生死」「男女」を、ことさら呉音で「ショウジ」「ナンニョ」なぞと読むわけにはゆくまい。

けれども、漢音が原則だからといって、「門」を漢音で「ボン」と読むのは耳にしたことがない。だれもが呉音で「モン」と読むだろう。また、「日」は呉音が「ニチ」、漢音が「ジツ」なので、「一日」（「ある日のこと」の意）は「イチジツ」と読むのが漢文訓読での定石だが、これは一種の詐術である。なぜなら「一」は呉音が「イチ」、漢音が

「イツ」だからだ。二字とも呉音で発音すれば「イチニチ」、漢音を用いれば「イッジッ」となるところ。定番の「イチジッ」は、実は呉音と漢音の綯《な》い交《ま》ぜなのである。さらには、「椅子」を読めと言われれば、だれでも「イス」と読むはずだ。ところが、「子」は呉音も漢音も「シ」。「ス」は唐音なのである。〈表13〉に見える「立」の慣用音「リツ」を避け、好んで漢音「リュウ」に義理立てする向きもあるまい。「立身」を「リュウシン」、「確立」を「カクリュウ」と発音するほどの漢音ファンは、どこにもいないはずだ。漢音が通例の「男女《だんじょ》」にしても、もし「老若《ろうにゃく》男女」とあれば、呉音で「男女《なんにょ》」と読むしかない。あくまで漢音を貫けば「老若男女《ろうじゃくだんじょ》」。かえって教養を疑われる読み方になってしまう。

　要するに、漢音が原則とは言いながら、呉音や唐音、そして慣用音に妥協することも少なくないのが実態だ。もし「西域」が呉音「サイイキ」か漢音「セイイキ」かで迷ったら、たぶん漢音「セイイキ」のほうが無難だろうという程度の話なのである。

　日本語の漢字音は複雑な様相を呈しており、漢文訓読体においても適切な音種を選び取る基準を明示するのは容易でない。せいぜい「漢音を基本としつつ、漢文訓読における音読みの慣用を、なるべく漢文訓読体にも当てはめるように」としか言いようがないだろう。漢文訓読に不慣れとあらば、せめて『論語』を声に出して一読し、多少なりとも訓読の音感を身につけること――これに優る処方箋は見当たらないものと考える。

　とはいえ、いざ閲読となれば、なおも迷うことが稀ではない。殊に漢字音のなかの二大勢力たる呉音と漢音のせめぎ合いは、時として手の施しようがないのが実情だ。たとえば、前掲の例文（→58頁）に見える「済理」（『実記』086-4）である。一応「サイリ」と読んでおいたが、これは呉音であり、原則どおり漢音を用いれば「セイリ」と読むべき語だ。「済」に

〈表13〉漢和辞典における漢字音の表示例

立	呉漢リュウ（リフ）　慣リツ
行	呉ギョウ（ギヤウ）　漢コウ（カウ）　唐アン

呉＝呉音…最も古い中国南方系の漢字音。仏教語その他に幅広く用いる。
漢＝漢音…遣唐使が伝えた中国北方系の漢字音。漢文訓読その他に幅広く用いる。
唐＝唐音…最も新しい漢字音。主として仏教語。少数にとどまる。
慣＝慣用音…日本人の誤読が慣用化した漢字音。決して数は少なくない。

ついて、敢えて呉音「サイ」を採ったのは、当該文が「小民ヲ済理スル」となっているため、成語「経世済民《けいせいさいみん》」（経メ㆑世ヲ済フ㆑民ヲ＝世《よ》を経《をさ》め民《たみ》を済《すく》ふ）が連想されるからである。むろん、だからとって、「済理《さいり》」こそが唯一絶対の正しい読みだと主張するつもりは毛頭ない。「済理《せいり》」と発音する人がいれば、それはそれで一つの読みである。

もっとも、意味によって音読みが異なる現象は、右とは別次元の話だ。特に漢文の引用や、ほぼ引用に近いような字句の場合は、通常の漢字音だけで考えると、予想外の落とし穴にはまる危険性がある。たとえば「数」の音読みは、だれもが「スウ」としか思うまい。「数罟窪池《わち》ニ入《い》ラサ《ざ》ルノ意」（『実記』264-4）とあれば、見慣れぬ「罟」字の音読みを調べて「数罟《すうこ》」と発音し、まずはめでたしとなるだろう。けれども、この一句は、明らかに「数罟 洿池《をち》に入《い》らざらしめば、魚鼈《ぎよべつ》 勝《あ》げて食《く》らふべからざるなり」（数罟不ラシメバ㆑入ラ㆓洿池ニ㆒、魚鼈不ル㆑可カラ㆓勝ゲテ食ラフ㆒也／『孟子』梁恵王上）を念頭に置く表現だ。「数罟」は、「目の細かい網」の意に解し、「ソクコ」または「サクコ」と読むのがふつうである。「数、音《ハ》〈促《そく》〉」（〔宋〕朱熹『孟子集注』）との音注も存在するため、古人は「ソクコ」または促音便で「ソッコ」と発音する向きが多かったのではないか。一般に「数枚の網」とは解釈しない。校訂者が付けた読み仮名「数罟《すうこ》」は、いささか早計に失するかと思う。

二 訓読み

まず心得ておくべきは、漢文訓読体の訓読みのほうが、現行の訓読みよりも、はるかに語数が多いことだ。かつては漢文訓読に豊富な訓読みが用いられていたが、現在の訓読みは、昭和二十三年（一九四八）に告示された「当用漢字音訓表」が昭和四十八年に改定され、それを引き継いだ昭和五十六年の「常用漢字音訓表」が平成二十三年（二〇一一）に再び改定されて、少数の訓読みに限られたものである。たしかに、通常の日本語の読み書きには、訓読みを絞り込んでおくほうが便利だろう。「作る」は常に「作《つく》る」と読み、「作《な》る」とは読まず、また、「なす」は「為す」か「成す」かに限り、「作《な》す」とは書かないものとすれば、何かにつけて手間が省けるのは事実である。しかし、いざ絞り込みが実現すると、漢文訓読で使われていた「作《な》る」「作《な》す」のような訓読みが知識から抜け落ちてしまい、逆に漢文訓読に不便をもたらすのはもとより、その種の訓読みを頻用する漢文訓読体の閲読にも、何かと不都合が生じることとなる。

　漢文訓読体の訓読みは文字どおり多種多様、その扱いづらさは、たぶん音読みを上回るだろう。漢文訓読に不慣れなうえ、現今より送り仮名が簡潔であるために読みの大部分が漢字に隠されているとなれば、漢文訓読体において適切な訓読みを速やかに見抜けるようになるには相応の時間を費やさざるを得まい。

　とはいえ、「習うより慣れよ」では、説明放棄すれすれの説明である。取り敢えず次のような訓読みに注意するとよい。

・怒る〔○いかる　×おこる〕
・抱く〔○いだく　×だく〕
・出す〔○いだす　×だす〕
・出づ〔○いづ　×でづ〕
　＊「でづ」では「でず」すなわち「出ない」意に聞こえてしまう。
・入る〔○いる　×はいる〕
・埋む〔○うづむ　×うむ〕
・来る〔○きたる　×くる〕

＊送り仮名が「来たる」のときはもちろんのこと、「来る」でも「きたる」と読む。

・食ふ〔○くらふ　×くふ〕

＊送り仮名が「食らふ」のときはもとより、「食ふ」でも「くらふ」と読む。

・違ふ〔○たがふ　×ちがふ〕

＊「ちがう」意のときは「違《ちが》ふ」と記さず、形容動詞「異《こと》なり」を用いて、「〜に〔と〕異なり」と表現するのが一般である。

・止まる〔○とどまる　×とまる〕

＊「止む」は「とどむ」。ただし、「やむ」と読むべき場合もある。

・往く〔○ゆく　×いく〕

＊「行く」でも「ゆく」。日本語では古来「ゆく」と「いく」とが併存し、そのまま現在に至っている。「ゆく」が旧く、「いく」が新しいというわけではない。

・歯す〔○よはひす　×ハす〕

＊「同列に並ぶ〔並べる〕」意。

二つの訓読みが可能な場合もあるから、安易な決めつけは禁物だ。若干の例を示す。

・自ら〔○みづから　○おのづから〕

＊「自《みづか》ら」と「自《おの》づから」を送り仮名によって見分けるのは不可能と思って臨むのが無難。ただし、どちらなのか決めかねる場面もある。

・認む〔○みとむ　○したたむ〕
*意味が隔たっているため、「認《したた》む」を失念することさえなければ、文脈によって容易に判別できる。
・見ゆ〔○みゆ　○まみゆ〕
*「見《み》ゆ」は「目にする、みえる」意だが、「見《まみ》ゆ」は「お目にかかる、謁見する」意の謙譲語である。たいていは文脈による判別が利くが、「見《まみ》ゆ」を失念しないよう注意したい。
・見る〔○みる　○あらはる〕
*「自ら」に同じく、「見《み》る」と「見《あら》はる」が書き分けられていない可能性も高い。ただし、いずれなのかは文脈によって容易に判別できるのがふつうである。やはり「見《あらは》る」を失念しないことが肝腎だ。

むろん、どうにも訓読みが確定できない場面もあり得る。その場合は、自らの裁量で読みを決めるしかない。「曰く」は、ふつう「曰《いは》く」だが、尊敬表現がふさわしいと判断すれば、「曰《のたまは》く」と読むこともできる。現今の漢文訓読では、一律に「曰《いは》く」と訓じてしまうのが一般だが、往時の漢文訓読体について、その便法を見習う必要はあるまい。

「上《あが》る」と「上《のぼ》る」は、読み分けに悩むことがある。文脈によっては「上《たてまつ》る」と訓じねばならぬため、「上る」の二字には注意が必要だ。「上」が、「うへ」か「かみ」かで迷うこともある。「上〜下…」のように相関語句として現れれば、通例「上《かみ》〜下《しも》…」と読むが。時として、「上《うへ》」は誤り、「上《ほとり》」が正しいという場面もあるので、「上」は世話の焼ける字である。「下」も、「下《おり》る」か「下《くだ》る」か、それとも「下《さが》る」かで、読みが確定しづらいこともあるだろう。

訓読みに関する心構えも、音読みと似たようなもので、「漢文訓読における訓読みの慣用を、できるだけ漢文訓読体にも当てはめるように」としか言いようがない。それでも確定できないときに、始めて自らの裁量権を発揮できるわけである。

三　音読みか訓読みか？

音読みすべきか訓読みすべきか、今一つ判断がつきかねるのは、そもそも漢文訓読において頻繁に見られる現象であり、そのまま漢文訓読体にも当てはまる事情である。たとえば「証す」「表す」や「間」「類」を、「証《シヤウ》す」「表《ヘウ》す」「間《カン》」「類《ルイ》」と音読みするのか、それとも「証《あか》す」「表《あらは》す」「間《あひだ》」「類《たぐひ》」と訓読みするのかという問題だ。「蔵す」ならば、「蔵《ザウ》す」と「蔵《かく》す」とで意味合いが異なって響くので、まだしも判断しやすいが。

「有志の士君子某が政府に出《いづ》れば」（『すゝめ』125-3）の「某」も例外ではない。上文に「有志《イウシ》の士君子《シクンシ》」と音読みが続くため、勢い「ボウ」と音読みしたくなるが、訓読み「なにがし」を排斥する積極的な理由はないのである。「〈某《ボウ》〉ですね？」と問われれば「そのとおり」、「〈某《なにがし》〉ではいけないのですか？」と尋ねられれば「それでも結構です」としか答えようがない。江戸時代の和刻本などが得意とする左右両ルビ「某《ボウ》《なにがし》」こそが、こうした日本語の実情をありのままに反映している。

ただし、これは漢文訓読体に特有の悩みではない。右に記したように、漢文訓読それ自体が同じ事情を抱えており、現代日本語でも「音色《オンシヨク》」と「音色《ねいろ》」、「墓石《ボセキ》」と「墓石《はかいし》」、「薬湯《やくとう》」と「薬湯《くすりゆ》」など、その時々の流れで適宜に（いい加減に?）読んでいることも多いだろう。その他（と記しつつ、「その他《タ》」か「その他《ほか》」か、我ながら腰が据わらないのだが）読みに曖昧さが生ずる場面は枚挙に遑《いとま》がない。漢字には、その表意文字たる性質上、意味さえわかれば十分、発音はどうでもよい、という場面が少なからず起こるのである。

発音の揺れは、漢字に訓読みを導入した日本語の免れがたい宿命としか言いようがない。今なお、日ごろ「最中《サイチユウ》」

と「最中《もなか》」、「人事《ジンジ》」と「人事《ひとごと》」、「大事《ダイジ》」と「大事《おおごと》」、「人気《ニンキ》」と「人気《ひとケ》」のごとき語句を読み分けつつ生活している我々が、音読みでも訓読みでも意味に差のない語句の読み方を過度に気に病む必要はないはずである。

どうしても発音に迷ったら、訓読みを捨て、取り敢えず音読みしておくのが無難に違いない。音読みは、単なる発音なので、すべての意味に対して開かれている。それに対して、訓読みは、漢字の意味範囲の一部分にとどまることがあるからだ。たとえば、「水」には少なくとも「みず」と「かわ」の意味がある。しかし、訓読みは「水《みず》」に限られており、「水《かわ》」と発音することはない。音読み「水《スイ》」ならば、どちらの意味も包摂できるわけである。もちろん、意味がよくわからぬまま音読みで切り抜けるようなごまかしは厳に慎まねばならないが。

最終的に、漢文訓読体の発音は、読み手の裁量によるところが大きい。裁量と言えば聞こえはよいが、読み手の趣味や気分に左右されることも十分あり得るだろう。たとえ校訂本に読み仮名が記されていても、それが常に唯一の正しい読みとは限らない。必ずそう読まねばならぬ性質の読み仮名もあれば、複数の候補のなかから差し当たり一つを選んだにすぎない性質の読み仮名もあるわけだ。読み仮名について、この二つの性質が見分けられるようになれば、かなり漢文訓読体に慣れ親しんだ証拠ともなるだろう。

第五節　文　法

漢文訓読体の統語構造《シンタックス》は、時おり現れる漢文式の表記や漢文そのものの引用（→57頁）をのぞけば、あくまで日本語の統語構造を基本としているため、閲読にさいして文法を意識する必要はほとんどない。文語文法の基礎知識さえ持ち合わせていれば十分だ。しかし、何かしら引っ掛かりを感じたときや、とりわけ厳密な理解が求められる一節に差し掛かったときには、やはり着実に文法を踏まえて解釈をほどこす必要が生じる。漢文法と国文法とに分かち、いくつか注意点を挙げておこう。

一 漢文法

漢文訓読体の《原文不在原理》が各種の困難をもたらすことは、前述のとおり（→14頁）である。また、さまざまな訓読表現に関する漢文法がらみの話は、第三章以下で述べることにしよう。ここでは、漢字の羅列に関わる漢文法にだけ注意を促しておく。それは、漢字が連なったとき、語句をどこで切るのかという問題だ。切り方が解釈に直結するため、ぜひとも漢文法に対する認識を深めておかねばならないのである。

わかりやすい例として、耳慣れた諺「魚心《うおごころ》あれば水心《みずごころ》」を挙げてみよう。この格言は「相手が好意を示せば、自分も好意で応ずる」意であるが、焦点は語句の構成だ。一般に「うおごころ……みずごころ」と連濁を以て発音しているのをみると、大半の向きが「魚心」で一語、「水心」でまた一語と理解しているのではないか。敢えて漢文で記せば「有《レバ》㆓魚心㆒水心」となる。しかし、一瞥してわかるように、この漢文は体を成さない。「魚心」はまだしも、「水心」の意味が曖昧なうえ、何よりも剝《む》き出しのまま放置された「水心」二字の文法上の位置付けがさっぱり理解できないからである。そこで辞書を調べてみると、何のことはない、「魚心あれば水心」は、もと「魚心あれば水心あり」を省略した言い回しで、しかも本来は「魚／心《こころ》あれば／水／心《こころ》あり」、すなわち漢文ならば「魚有《レバ》㆑心水有《リ》㆑心」に作るべき格言なのである。要するに、「魚心《こころ》あれば水心《こころ》あり」と口にしているうちに、いつのまにか「魚心」と「水心」がそれぞれ一語に化して「うおごころ」「みずごころ」と連濁を起こし、さらには、口調の関係からか、末尾の「あり」が脱落、ついに「魚心《うおごころ》あれば水心《みずごころ》」の形で人々の口にのぼるようになったわけだ。

右を以て「魚心あれば水心」に関する説明は十分、言葉の移ろいを示すお笑い種《ぐさ》にもなるだろう。けれども、漢文訓読体の読解を目指す立場から見れば、安閑としていられまい。いつ、どこで、本来は切るべき字句を一語と誤解しないとも限らないからだ。問題の現象を一般形で示せば、左のようになる。

$N_1 R$ ㆑ N_2 → 訓読＝$N_1 N_2 R$　＊「R」は、動詞をはじめとする広義の返読文字。

もと別々なはずの二つの名詞N_1とN_2が、語順を変換して訓読すると、つい「N_1＋N_2」で一つの名詞に見えてしまう。これがそのまま漢文訓読体に持ち込まれると、大半はN_1がN_2に掛かる修飾関係だと誤解することになるのではないか。むろん、N_1に何らかの助詞が付いていれば、つまり右の例で「魚に心あれば水にも心あり」とでもなっていれば、N_1とN_2すなわち「魚」と「心」または「水」と「心」が一語に映ることはない。警戒すべきは、N_1が助詞を伴うことなく、そのままN_2につながっている場合である。誤解を防ぐために、「N_1、N_2」と読点を打ったり、「N_1 N_2」と半角空きを設けたりしてあれば、N_1に助詞が付いていなくとも、「N_1＋N_2」が一つの名詞に見えることはないだろう。けれども、その種の措置がほどこされた漢文訓読体の文章は、ついぞ目にした記憶がない。まずは成語の例を挙げてみる。

・好事魔多し　＝○好事《かうじ》／魔《ま》多《おほ》し（好事多シ㆑魔）　×好事魔《かうじま》／多《おほ》し（多シ㆓好事魔㆒）
・綺羅星の如し＝○綺羅《きら》／星《ほし》の如《ごと》し（綺羅如シ㆑星ノ）　×綺羅星《きらぼし》の／如《ごと》し（如シ㆓綺羅星ノ㆒）

正しくは「好事には魔が多い」「綺羅たるありさまが星のようだ」。それぞれ「好事魔が多い」「綺羅星のようだ」と解釈するのは誤りである。さらに成語の類例を示せば――

・一敗地に塗る＝○一敗《いっぱい》／地《ち》に塗《まみ》る（一敗塗ルレ地ニ）×一敗地《いっぱいち》に／塗《まみ》る（塗ル二一敗地ニ一）
・間髪を容れず＝○間《かん》／髪《はつ》を容《い》れず（間不レ容レレ髪ヲ）×間髪《かんぱつ》を／容《い》れず（不レ容レ二間髪ヲ一）

やはり「一敗して地に塗れる」「間が髪を容れない」と理解するのが正しい。誤って「一敗地に塗れる」「間髪を容れない」と解釈しないよう注意する必要がある。特に後者は、「カンパツ」と連濁して読む習慣があるため、「間髪」で一語と誤解している向きが多いのではないか。

こうした注意力を養っておけば、次のような字句も即座に正しく理解できるだろう。

・政府人に乏し（『すゝめ』044–8）
　＝○政府《せいふ》／人《ひと》に乏《とぼ》し（政府乏シレ人ニ）
　×政府人《せいふじん》に／乏《とぼ》し（乏シ二政府人ニ一）
・全国一家の如く、毎戸寺院の如し（『概略』177–4 f.l.）
　＝○全国《ぜんこく》／一家《いっか》の如《ごと》く、毎戸《まいこ》／寺院《じゐん》の如《ごと》し（全国如ク二一家ノ一、毎戸如シ二寺院ノ一）
　×全国一家《ぜんこくいっか》の／如《ごと》く、毎戸寺院《まいこじゐん》の／如《ごと》し（如ク二全国一家ノ一、如シ二毎戸寺院ノ一）
・遊屐群ヲナシ（『実記』183–1）
　＝○遊屐《いうげき》／群《むれ》ヲナシ（遊屐成シレ群ヲ）
　×遊屐群《いうげきぐん》ヲ／ナシ（成シ二遊屐群ヲ一）
・坡面漫斜ヲナス（『実記』209–4 f.l.）

＝○坡面《はめん》／漫斜《まんしや》ヲナス（坡面為ス二漫斜ヲ一）
×坡面漫斜《はめんまんしや》ヲ／ナス（為ス二坡面漫斜ヲ一）

ただし、この種の例を過剰に意識すると、かえって落とし穴にはまる可能性も生じる。たとえば次のような表現だ。いずれも、漢字の連なりを切ることなく、まずは素直に一語と解せばよい。前者は成語「一丁字《いっていじ》を識《し》らず」（不レ識ラ二一丁字ヲ一）の応用である。

・一丁字を知らざる……（『概略』103–1）
＝○一丁字《いっていじ》を／知《し》らざる（不レ知ル二一丁字ヲ一）
×一丁《いってい》／字《じ》を知《し》らざる（一丁不レ知ル字ヲ）
・水晶館ヲ起シ、草花苑ヲ開キ（『実記』252–1）
＝○水晶館《すいしやうくわん》ヲ／起《おこ》シ、草花苑《さうくわゑん》ヲ／開《ひら》キ（起シ二水晶館ヲ一、開キ二草花苑ヲ一）
×水晶《すいしやう》／館《やかた》ヲ起《おこ》シ、草花《さうくわ》／苑《その》ヲ開《ひら》キ（水晶起シレ館ヲ、草花開キレ苑ヲ）

語句の区切り方で最も難しいのは、おそらく「習《なら》ひ性《せい》となる」（『すゝめ』032–7）である。「烏焉馬と成る」を、誤って「烏焉馬《うえんば》と／成《な》る」（成ル二烏焉馬ト一）と切ることなく、正しく「烏焉《うえん》／馬《うま》と成《な》る」（烏焉成ルレ馬ト）と理解できたからといって、「習ひ性となる」をも正確に把握できるとは限らない。幸い「習ひ性と／なる」と誤解するのを免れたとして、単に「習ひ／性となる」と切ってしまう危険性が高いだろう。正しくは「習ひ／性と／なる」である。

習ひ性となる　＝○習《なら》ひ／性《せい》と／成《な》る（習ヒ与《と》レ性成ル）
×習《なら》ひ性《せい》と／成る（成ル二習ヒ性ト一）
×習《なら》ひ／性《せい》と成《な》る（習ヒ成ルレ性ト）

なお、まったく異なる字面《じづら》ながら、意外に怪しいのが成語「一衣帯水《いちいたいすい》」だ。口調の関係から、何となく「一衣／帯水」と切っている向きが多いのではなかろうか。これでは成語としての意味を成さない。一枚の衣服が水を帯びても、ただ濡れるだけだ。正しくは「一／衣帯／水」。数詞「一」は「水」に掛かる。「衣」を数える語ではない。

一衣帯水＝○一《いち》／衣帯《いたい》／水《すい》（一衣帯水《いつノころもノおびノゴトキみづ》）
×一衣《いちい》／帯水《たいすい》（一衣《いつノころも》帯《おブ》レ水《みづヲ》）

以上の諸例を見ていると、多大な不安に襲われるかもしれない。いかなる字列をどう切ればよいのか、見た目には何の手がかりもないからだ。対応策はただ一つ、それぞれの言い回しについて、仮に漢文で書いたならばどうなるか、敢えて原文たる漢文を想定し、逆に、その文法構造から、当の言い回しがどこで切れるのかを考えてみるしかない。もし想定される漢文が複数に分かれるなどして切り方にばらつきが生じたり、そもそも原文たる漢文の想定に難渋したり、また、意味について多少とも疑問が生じたりしたときは、あやふやなまま通り過ぎることなく、漢和辞典で一つひとつの語句を丁寧に調べてゆくことだ。残念ながら、例によって万能薬も即効薬も存在しない。「一衣帯水」のような例を除けば、すべては漢文訓読体の《原文不在原理》がもたらす災厄である。

二 国文法

漢文訓読体における国文法は、もともと漢文訓読に用いられていた文語文法に、日本語の変遷に従って生じた明治期に特有の文語文法が付け加わったものである。いずれも解釈につまずく可能性は低く、さして神経質になる必要はないものの、いったん気になりだすと、予想外に手こずるかもしれない。なぜなら、一般に謂《い》う国文法の実体は、あくまで平安中古文法にすぎないからだ。漢文訓読には、平安中古文法を主体としつつも、奈良上代文法・鎌倉室町中世文法・江戸近世文法の各要素が入り込んでいる。また、明治期になると、文法上の新たな現象がいくつか目立つようにもなった。こうした要素や現象は、平安中古文法だけでは捌《さば》き切れないので、ともすると、思い悩んだ末、書き手による文法違反ではないかと決め付けてしまうおそれがある。時間と労力を空しく費やさないためにも、大まかな知識は仕入れておくのが得策だろう。

あらかじめ概念図を示せば、漢文訓読体の国文法は〈図2〉のような構成になる。作図の便宜上、平安中古文法以外の四種にもそれなりの面積を割《さ》いてあるが、全体の面積に占める実際の比率は高が知れたものだ。以下、必要最低限の注意事項を順に説明してゆこう。

〈図2〉漢文訓読体の国文法

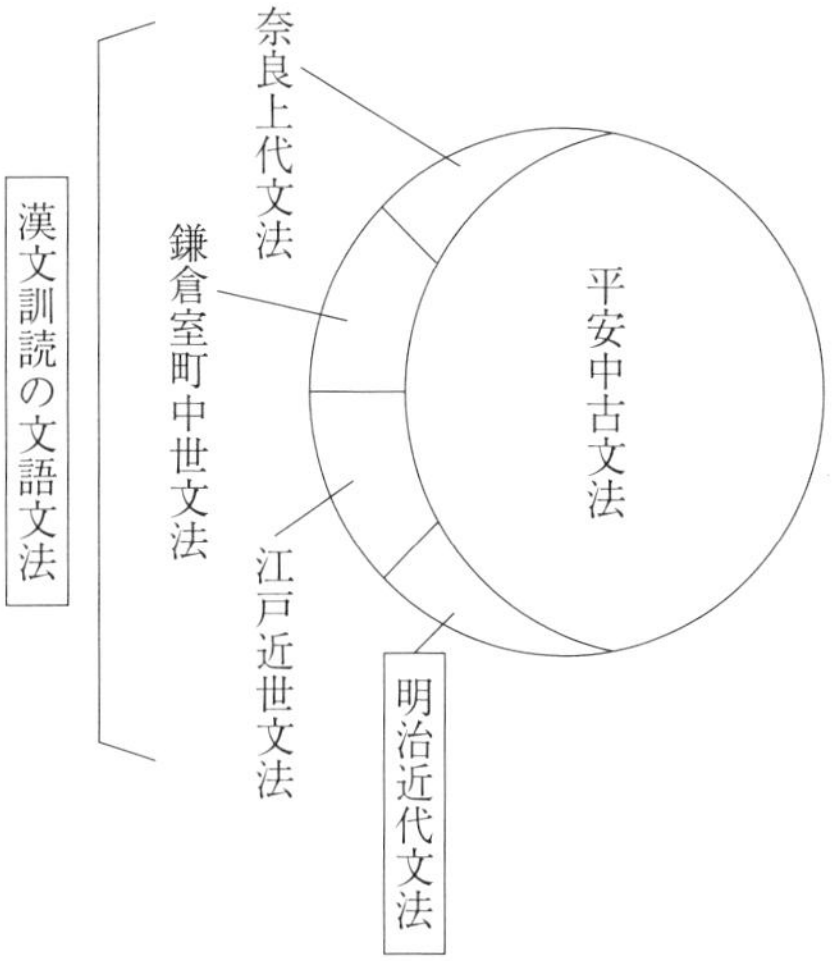

(1) 漢文訓読の文語文法

もともと漢文訓読の文語文法それ自体が、主体たる平安中古文法に、奈良上代文法・鎌倉室町中世文法・江戸近世文法の諸要素が加わった混合体であり、いわゆる国文法すなわち平安中古文法の範囲を超える性質を持っている。

ア　平安中古文法　漢文訓読の中核を占める平安中古文法は、『源氏物語』『枕草子』などに見られる国文法に比べると、はるかに簡素化されている。前述のように（→59頁）、敬語表現が簡略で、たとえば敬意を示す特殊な語（「御《お》座《は》します」「聞《き》こし召《め》す」など）や補助動詞の類（「給《たま》ふ」「侍《はべ》り」「候《さうら》ふ」など）が活躍する場面は皆無であり、また、実際に用いる助詞・助動詞の語彙そのものが少なく、助詞と助詞、助動詞と助動詞、そして助詞と助動詞の連用も種類に乏しいうえ、その連結関係は概して単純だ。文語文法の基礎知識さえ持ち合わせていれば容易に対処できるので、まったく懸念するには及ばない。

イ　奈良上代文法　上代文法については、差し当たり「ク語法」と「なけ・べけ」さえ承知しておけばよい。

①ク語法　これは「ク語尾」とも称する語法で、用言（動詞・助動詞）に準体助詞「く」または「らく」が接続して体言化し、「〜することには」の意となる。英語で動詞〈do〉に〈-ing〉が接続して動名詞〈doing〉になるのと似たようなものだ。次のように整理しておけばよい。

◇未然形＋「く」

〔例〕・曰《いは》く　＝「いふ」未然形「いは」＋「く」

・以為《おもへら》く　＝「おもふ」已然形「おもへ」＋完了「り」未然形「ら」＋「く」

・聞説《きくなら》く　＝「きく」終止形＋伝聞推定「なり」未然形「なら」＋「く」

・願《ねが》はくは＝「ねがふ」未然形「ねがは」＋「く」＋係助詞「は」

◇終止形＋「らく」

〈例〉・疑《うたが》ふらくは＝「うたがふ」終止形＋「らく」＋係助詞「は」
・老《お》いらく　＝「おゆ」終止形＋「らく」　↓転音「い」
・恐《おそ》らくは　＝「おそる」終止形＋「らく」＋係助詞「は」　↓縮約「ら」
・惜《を》しむらくは＝「をしむ」終止形＋「らく」＋係助詞「は」

専門的には、すべて〈連体形＋「あく」〉の縮約形とも説明されるが、「あく」という語素の認定に問題が残るため、右のごとく理解しておけば十分だ。一見して気づくように、現代日本語にも、「恐らくは」をはじめ、「曰く」「願はくは」「惜しむらくは」などが残存しているので、語感は容易に把握できるだろう。なお、現今、「願はくは」の係助詞「は」を接続助詞「ば」に誤って「願はくば」と言う向きも多いが、つとに漢文訓読体にも「願《ねが》はくば」（『概略』013-3）の例がある。

②なけ・べけ　奈良時代には、形容詞「なし」の未然形として「なけ」、助動詞「べし」の未然形として「べけ」が存在した。いずれも「ん」（推量の助動詞「む」の撥音化）を伴い、〈表14〉に見えるような「なけん」「べけん」という言い回しで現れる。特に「べけんや」は反語表現に多用されるので、漢文訓読体の読解には不可欠の知識だ。

ウ　鎌倉室町中世文法　中世文法として、連語「ずんば」（↑不《ズンバ》）だけは心得ておきたい。これは順接仮定条件を表す言い回しで、「〜しないとすれば」の意。〈打消の助動詞「ず」連用形「ず」＋係助詞「は」＝「ずは」〉に、撥音「ん」が介入し、「は」が連濁を起こして「ずんば」となったものである。類例「なくんば」「べくんば」「ごとくんば」も併せて〈表15〉に掲げておこう。それぞれ「〜がないとすれば」「〜できるとすれば」「〜のようだとすれば」の意である。

〈表14〉「なけ」と「べけ」

	上代文法	〔参考〕中古文法
なし＋ん	なけん	なからん
べし＋ん	*べけん	べからん

*反語表現「べけんや」として多用。

〈表15〉「ずんば」とその類例

ずんば	（↑不《ズンバ》）
なくんば	（↑無《ナクンバ》）
べくんば	（↑可《ベクンバ》）
ごとくんば	（↑如《ごとクンバ》）

漢文訓読体には、撥音「ん」が欠けた「一人が一人に向かって害を加ふるの理なくば」（『すゝめ』027–3 f.l.）・「この勢ひに乗じて事の轍《てつ》を改むることなくば」（『すゝめ』050–6）または「その国の文明却歩《きやくほ》することなくば」（『概略』175–1 f.l.）のごとき例も現れる。これは、近世に至って、「なくは」の係助詞「は」を接続助詞「ば」と混同した結果、「なくば」と濁音化するようになった流れを受け継いでいるのだろう。「なくんば」の縮約形あるいは撥音無表記と見なしても、解釈に支障を来たすわけではないが。

エ　江戸近世文法

仮定条件と確定条件の区別は、平安中古文法の花形として有名である。〈未然形＋「ば」〉＝仮定条件〉・〈已然形＋「ば」〉＝確定条件〉は、だれしも肝に銘ずる文法事項だ。

けれども、江戸近世文法では、特に後期の江戸語になると、已然形が現代口語文法の仮定形に大きく接近し、〈已然形＋「ば」〉＝仮定条件〉が増えてくる。文語文法の「已然形」欄が現代口語文法では「仮定形」欄になっていることが、何よりもの証明だろう。

この趨勢を引き継いだ漢文訓読体においても、〈已然形＋「ば」〉＝仮定条件〉が珍しくない。結果として、仮定条件・確定条件のいずれもが、〈已然形＋「ば」〉で表現されるのである。すなわち、漢文訓読体の閲読にさいしては、中古文法と異なり、〈未然形＋「ば」〉と〈已然形＋「ば」〉を截然《せつぜん》と区別するわけにはゆかない。〈未然形＋「ば」〉＝仮定条件〉はそのままとしても、〈已然形＋「ば」〉については、仮定条件なのか確定条件なのかを、そのつど見定める必要があるわけだ。これは〈表16〉のように心得ておけばよい。

もっとも、結果として、〈已然形＋「ば」〉＝仮定条件〉は現代口語文法の〈仮定形＋「ば」〉と同じ語感で把握できるうえ、そもそも文脈によっては、仮定条件なのか確定条件なのか、にわかには決定しがたい場合もある。さほど神経質にならずとも、解釈には差し支えない。

なお、右は順接表現についての話だが、逆接表現に関しても似たような事情がある。原則は〈終止形＋「とも」〉＝仮定条件〉・〈已然形＋「ども」〉＝確定条件〉と理解しておけばよいが、後者の〈已然形＋「ども」〉、とりわけ「いへども」（雖《いへど》も）が、仮定条件に用いられることも珍しくない。逆接表現についても、あまり硬く考えすぎないように構えるのが実践的な態度である。

（2）明治近代文法

ここに謂《い》う「明治近代文法」とは、近代の明治期に入って日本語に初めて現れた、あるいは、明治期の日本語にのみ見られる文法、という意味ではない。漢文訓読または一般の文語文法の常態から見れば、「明治期の漢文訓読体に特に目立つ文法現象」程度の意味合いである。細かく論《あげつら》えば切りがないので、とりわけ気になりそうな事項だけを挙げてゆく。その他の文法現象は、ことさら異例と感じることすらなく、すんなり解釈に進めるだろう。以下の四項目も、知らなければ重大な誤読を犯すという性質の文法事項ではない。アについてだけは、それなりの注意を払う必要があるが。

ア　文末の「し」　既述のように（↓35頁）、漢文訓読体では、過去の助動詞「き」の連体形「し」による文の終止が目に付く。これは日本語の一大潮流たる連体形の終止形への合流現象の一つであるが、「し」による文の終止は、音感の点で据《す》わりが悪いだけに、つい連体形として下方に連結したくなるので、改めて注意を促しておきたい。

・著《いちじる》シキ寒ニハアハ《遭》サ《ざ》リシ、其後《そのご》盛夏ニ……（『実記』027-3 f.1.）
・曾《かつ》テ漫識特府《マンチェスター》ニテ、日曜日ニ「パーク」ヲ回覧セシニ、二三《にさん》ノ人《ひと》

〈表16〉仮定条件と確定条件

	〔参考〕中古文法	近世文法
仮定条件	未然形＋「ば」	*已然形＋「ば」
確定条件	已然形＋「ば」	

*ほぼ現代口語文法の仮定形に近い。

影《かげ》ヲミ《見》ルノミナリシ、巴黎《パリ》ノ日曜日ニハ……（『実記』055–1）

右のごとき文を目にしたさい、連体形「し」なのだからといって、下文に被修飾語となる体言すなわち名詞を探して時間を空費したり、「ぞ」などの係助詞なしに連体形で一文が終わるはずはないと決め込み、読点を句点に変更して読む可能性を排斥したりしてはならない。

特に注意すべきは、ろくろく句読点が付いていないような漢文訓読体の原文を読むときである。「し」で文が終止しているのに、そのまま連体形として下文につなげ、無理に文脈を捏《こ》ね上げる危険が生ずるからだ。過去の助動詞「き」の連体形「し」が一文の終止に用いられる可能性を常に念頭に置いて読む必要がある。

ただし、これは、連体形「し」が体言を修飾することはあり得ないという話ではなく、また、助動詞「き」が文末で必ず連体形「し」になるという話でもない。連体形「し」が本来の連体形として下方の体言に掛かってゆくこともあれば、穏当に終止形「き」で一文が終止する場合もある。助動詞「き」は、文末において、終止形「き」と連体形「し」の両形が使われるのだ。何やら落ち着きに欠ける印象だが、それが実態なのだから仕方ない。

・爾後《じご》欧《ヨーロッパ》陸地、ミナ米英ノ信教ニ厚キカ如《が》キ国ヲミ《見》サ《ざ》リキ、（『実記』055–4）
・路易《ルイ》十四世、其《その》王子ニ地学ヲ授ケシ、地球儀アリ（『実記』121–2 f.l.）

前者は、単に終止形「き」が文末に置かれている例。後者は、連体形「し」が純然たる連体形として用いられた例で、「授ケシ」が読点を越えて「地球儀」に掛かる。このような性質の読点があることも、合わせて心得ておきたい。

イ「得せしむ」 本来、下二段動詞「得《う》」に使役の助動詞「しむ」が接続するときは、未然形「得《え》」に「しむ」が付いて、「得《え》しむ」となるはずだ。実際、漢文訓読では、今なお「得しむ」と訓ずるのが常例である。けれども、「得しむ」の少しぎこちない音感が嫌われたせいか、漢文訓読体にはサ変動詞の介入した「得せしむ」という言い回しが散見する。不安を感じるほどではないが、正規の文法から見れば変則に属するので、一つの事実として脳裡に収めておけば無難だろう。森鷗外「仮名遣意見」（明治四十一年〔一九〇八〕）には、「〈得せしむ〉……は文盲から生じ来たのである。〈得しむ〉と云《い》ふ詞《ことば》を知らない人が〈得せしむ〉と云ふ詞を書いた」とあるが。

・本心をして独立を得せしめずといふ義なり。（『すゝめ』144-4）
・もし人類をしてその天性を全《まつた》うするを得せしめなば（『概略』147-5）

ウ　連体形＋「の」＋名詞　活用語の連体形は、その名のとおり「体《たい》に連《つら》なる形《かたち》」（連《ナル》レ体《ニ》形）つまり体言たる名詞に直結するはずの活用形であるが、漢文訓読体では、連体形と名詞のあいだに助詞「の」が介入する現象が目立つ。その伝でゆけば、連体形は「体に連なるの形」と訓読することになろう。

これは、「文《ぶん》は道《みち》を貫《つらぬ》くの器《うつは》なり」（文者《ハ》貫《ク》レ道《ヲ》之器也／〔唐〕李漢「集昌黎文序」）・「物《もの》を覧《み》るの情《じやう》」（覧《ル》レ物《ヲ》之情／〔宋〕范仲淹「岳陽楼記」）のごとく、漢文に記された「之」を機械的に「の」と訓ずることから生じた漢文訓読体に独特の言い回しが、一つの表現として漢文訓読体に流れ込んだものである。何とも不自然な印象の日本語だが、室町時代の中ごろには直訳式の訓読「之《の》」が成立し、その末期には一般の文章にも姿を現すようになっていた。古来、この種の「之」は、置き字として扱い、読まない習慣であったのだが。

連体形に下接する「の」は、漢文訓読体における文字どおりの常用表現である。ここまで引用してきた例文にも、すでに「事をなすの地位」（↓15頁）・「国ヲ富《とま》スノ目的」（↓17頁）・「大阪を保護するの意……大阪を倒すの媒妁《ばいしやく》」

（→21頁）・「済理《さいり》スルノ妙用《めうよう》」（→58頁）のごとく、この種の「の」が散見していたが、改めて若干の例を挙げてみよう。動詞か助動詞の連体形に「の」が付いて名詞に接続するのが通例だ。

・子をばよく生めどもその子を教ふるの道を知らず（『すゝめ』026‒1）
・独立すること能《あた》はざるの証拠なり。（『すゝめ』033‒6 f.l.）
・善に帰《き》せしむるの策なるべし。（『すゝめ』039‒7 f.l.）
・神儒仏の異論も落着するの日なくして（『概略』017‒6）
・実の妨碍《ばうがい》なくして達すべきの路《みち》あり。（『概略』033‒5 f.l.）
・国勢ニ於《おい》テ敢《あへ》テ当《あた》ルヘ《べ》カラサ《ざ》ルノ情態ヲ露《あらは》シタリ（『実記』165‒6）
・欧洲ノ古《いにしへ》ニ当《あた》リテハ、銕《てつ》ヲ採ルノ術《すべ》ヲシラス《知ず》（『実記』198‒5 f.l.）

エ　係り結びの揺れ　ほとんど解釈には無関係ながら、やはり気になるのが係り結びである。係り結びは、平安時代にこそ盛行したものの、鎌倉〜室町時代には衰退してゆく一方だった。その衰退は、アの冒頭に記した日本語の趨勢、すなわち連体形の終止形への合流現象から必然の結果として生じたものである。連体形による文の終止が常態となれば、わざわざ文を連体形で結んでも、目立つ効果を生み出せず、係り結びそのものが表現としての存在価値を失ってしまったからだ。「なむ」による連体形の結びは早くも鎌倉時代に衰え、やはり連体形と呼応する「ぞ」「や」「か」の係り結びも次第に消えてゆく。「こそ」だけは室町時代の末期まで已然形の結びを保っていたが、それも江戸時代になると崩れてしまった。係り結びの法則は、平安中古文法を規範として意識する文章のなかでのみ生き続けたのである。

一方、漢文訓読に用いられる係助詞は、終止形と呼応する「は」「も」を除けば、「ぞ」「や」「か」の三語に限られ、ふつう「なむ」や「こそ」は現れない。「こそ」を欠く以上、漢文訓読の係り結びに已然形が生ずることはなく、関わるのは連体形だけだ。漢文訓読における係り結びは、いわば片肺飛行のようなものである。

漢文訓読体は、こうした衰退消滅と片肺飛行のもとに綴られた。したがって、一般に「ぞ」「や」「か」による連体形の結びこそ守られるものの、もと漢文訓読とは無縁の「なむ」「こそ」が〈和文要素混入現象〉として顔を出しても、それぞれ法則どおりに連体形や已然形で結ばれるとは限らない。書き手が平安中古文法に対する規範意識を働かせれば、周知の法則どおりに係り結びが行われるとはいえ、その意識が薄まれば、たとえ文中に「なむ」や「こそ」が存在しても、単に終止形で文を結んでしまうことがある。要するに、漢文訓読体における係り結びの法則は、守られたり守られなかったりが実情だ。この揺れをわきまえずに漢文訓読体を閲読すると、なぜ係り結びが法則どおりになっていないのか、釈然とせぬ思いに囚《とら》われ続けるに違いない。

最も長く係り結びを保った「こそ」について実例を示しておこう。左の例文では、係助詞「こそ」を用いた文が法則どおり已然形で結ばれている。「こそ」が文末に近い位置にあるからかもしれない。

- その目論見《もくろみ》こそ迂遠《うゑん》なれ。(『すゝめ』101–6 f.l.)
- 兎《と》に角《かく》に寄附《よりつ》きを好《よ》くするこそ緊要なれ。(『すゝめ』157–2 f.l.)
- これこそ偽君子の 張本《ちやうほん》なれ。(『概略』135–6 f.l.)
- 数百年来民心《みんしん》に染込《しみこみ》たる覇政《はせい》をこそ慕ふはずなれ。(『概略』269–2 f.l.)

しかし、次に示す例文では、「こそ」が已然形と呼応せず、結びが終止形になっている。「こそ」が文末から少し遠い位置にあるためだろうか。

・国の威光を落《おと》さざるこそ、一国の自由独立と申すべきなり。（『すゝめ』014-4 f.l.）
・人にこの性情あればこそ人間《じんかん》交際の義務を達し得《う》るなり。（『すゝめ』086-5 f.l.）
・その粗鹵《そろ》不文《ふぶん》にして憫笑《びんせう》すべきもの多きこそ、文明の進歩、学問の上達といふべきなり。（『概略』231-2 f.l.）

もっとも、「こそ」と文末との遠近は、係り結びが起こるか否かの理由としては、あまり当てになるまい。次のように、「こそ」が文末に近い位置にあっても、已然形にならず、終止形で結ばれている例があるからだ。

善《よ》き事も悪《あし》き事も、皆、人のこれをなさんとする意ありてこそ出来《いでき》るものなり。（『すゝめ』074-5 f.l.）

開き直って言えば、漢文訓読体において、係り結びの法則それ自体は意に介さずともよい。肝腎なのは、係り結びの法則に揺れが生ずるという事実を認識しておくことである。

以上、ア～エの四項目のうち、前三者は、明治三十八年（一九〇五）十二月二日「官報」に掲載された文部省告示「文法上許容スベキ事項」第三・七・九項（→付録）に挙げられている。いずれも当時の普通文と呼ばれる文体に目立つ特徴であったが、その実例は早くも明治初期の漢文訓読体に見出せるわけだ。各項目とも、あくまで一つの事実として承知してさえおけば、それまでの話である。出現頻度が最も高いのはウだが、助詞「の」が小うるさく感じられるのみ、解釈には何ら差し支えない。ただし、アだけは、読解に無視できぬ影響を及ぼす可能性がある。殊に句読点のない漢文訓読体を閲読するときには、過去の助動詞「き」の連体形「し」を無条件に下文へと連接させることのないよう十分に注意したい。

さて、長々と字句を連ねてきたが、以上で基礎事項に関する説明を終える。とても文体研究とは言えぬ粗《あら》い解説にすぎないものの、閲読時の実際問題として心得ておくべき要点は網羅したつもりだ。何か引っ掛かりを覚えたときは、必ず基本に立ち帰って確認する習慣を養ってほしい。

では、いよいよ漢文訓読体の現場に足を踏み入れ、改めて種々の語句や表現を観察することにしよう。

第三章　訓読表現の諸相——『米欧回覧実記』

本章では、久米邦武『米欧回覧実記』(二)を主たる素材として、漢文訓読体に見られる種々の言語現象を観察し、訓読表現を読み解くための要領を述べる。どのような語句や言い回しに注意すればよいのかがわかるだけでも、読解力は飛躍的に向上するに違いない。注意力こそが読解力の前提である。以下、緩やかに分類しながら、その諸相を観察してみることにしよう。ただし、もっぱら訓法すなわち訓読の形式に関わる問題には立ち入らない。たとえば、「能《あた》ふ」は、動詞の連体形（十こと）に下接して打消表現を伴い、「〜する（こと）能《あた》はず」（←不レ能《ハ》レV《スル(コト)》）のごとく用いるのが定石だが、実際には、連用形に接続した「殆《ほとんど》ト意想シ能ハサ《ざ》ルベシ」（『実記』245–6）や、終止形に付いた「詳悉《しやうしつ》ス能ハス《ず》」（『実記』263–6 f.l.）などの例も現れる。けれども、こうした表現にまで詳細な説明を加えるには少なからぬ紙幅を要し、しかも、結果として、何か解釈上の大きな差異が生ずるわけでもない。そのまま例外と見なし、時として変則的な表現に出くわすものと承知しておけば十分だろう。

また、文語文法の緩《ゆる》みについても言及しない。「得《う》ルヘ《べ》シ」（『実記』070–5, 162–7 f.l.）は本来「得《う》ベシ」のはずだと論じたところで、つまらぬ賢しらに響くだけだ。同じ事情が「人タルノ道ヲ知ラシメルニアリ」（『実記』154–6 f.l.）や「吼ヘシメルコトヲ馴《なら》ハス」（『実記』348–8）などにも当てはまる。助動詞「しむ」の連体形は本来「シムル」だと指摘しても、ほとんど揚げ足取りに類するだろう。口語文法の活用形が混入した結果だと割り切ってしまえばよい。

さらには、語彙について話題を向けることも差し控えたい。漢文の使役表現に用いる助動詞は原則として「しむ」に限られるはずだが、「駝鳥《だてう》ニ車ヲ服シ、四人ヲ牽《ひ》キテ走ラセルヲミル」（『実記』159–3）のように、時おり口語文法における使役の助動詞「せる」が立ち現れるのも事実だ。漢文訓読の立場から見れば、異例と呼び得る言葉遣いである。しかし、漢文訓読体ゆえの〈和文要素混入現象〉と考えれば、現れるべくして現れた字句とも言えるだろう。この種の例外にまで目くじらを立てる必要はあるまい。漢文訓読に使うはずのない過去の助動詞「けり」が見える「此《この》日ハ正ニ運動ノ頃ニ至リケルニ」（『実記』155–1）や「合《あは》セテ三十四発ニテ、三十発ノ中《あた》リニテアリケリ」（『実記』189–1 f.l.）についても同様だ。現に書き手が記している以上、そのまま受け容れるしかない。

そのほか、「一発ハ蹴《け》リテ中《あた》リ」（『実記』190–5）の連用形「蹴り」や、「欧洲ノ高等ニオル《を》」（『実記』305–7）の終止形「をる」を取り上げて、もと下一段動詞の「蹴《け》る」やラ変動詞の「居《を》り」がすでに四段動詞化している云々の話柄を記すのも避けることとする。日本語の変遷を示す興味深い例とはいえ、現代日本語の語感によって、すんなり意味が汲み取れるからだ。

第一節　漢語および典拠に基づく字句

漢文訓読体と聞くと、ただちに難しい漢語やら漢文の引用やらの話かと思う向きも少なくないはずだ。たしかに明治時代の文章には、今日の我々には理解のおよばぬ漢語や得心するのに時間のかかる漢籍の引用が少なくない。

一　漢　語

たとえば、「此宮《この》ノ地域広ク、外垣《ぐわいゑん》ヲ回《めぐら》ス、綿亙《めんこう》甚タ《だ》長シ」（『実記』120–1 f.l.）と言われても、一般には「綿亙」の意味がおぼつかないだろう。辞書をめくって「どこまでも続く」意だと知り、始めて安心できる。また、「防禦線《ばうぎよせん》ニ至《いたり》テハ、断断《だんだん》政府ニテ線路ヲ所用シオカサ《ざ》ルヘ《べ》カラス《ず》」（『実記』171–2 f.l.）と来れば、やはり「断断」が気にかかる。これは「断固として、あくまでも」の意だ。「厳寒」なら意味が了解できても、「此時《このとき》正ニ沍寒《ごかん》ノ候《こう》ナレハ《ば》」（『実記』181–2 f.l.）の「沍寒」については心もとあるまい。もっとも、「寒」を見れば、何かしら寒さを示す語だろうとは見当がつく。事実、「凍《い》てつく寒さ」を表す語で、その転倒形が「寒沍」（『実記』189–7 f.l.）とも「寒沍」（『実記』027–6 f.l.）とも見える。「沍」と「沍」は同義の字だ。しかし、「当時ニ遡《さかのぼ》リ、之《これ》ヲ夷考《いかう》スルニ」（『実記』197–5）の「夷考」を見て、異民族《えびす》を表す「夷」だから、何かしら貶《けな》す言葉だろうと推測し、それを自ら考えることに用いているので、謙遜を示す「愚考」と同じかと思うと、豈《あ》に図《はか》らんや、「公平に考える」あるいは単に「考える、考察する」意だったりするから、なかなか始末が悪い。「比比《ひひ》コレアリ」（『実記』236–2 f.l.）にも惑わされよう。これは「次々に起こる、あちらこちらで生ずる」意。その他、「頭顱《とうろ》」（『実記』248–6 f.l.）や「凄其《せいき》」（『実記』261–6 f.l.）も見慣れぬ漢語だろう。

前者は頭蓋骨、後者は風の冷たさを形容する語である。いずれも漢和辞典さえ引けばわかるのだから、大げさに騒ぎ立てる必要はないけれども。

しかし、たとえば「我《わが》東京深川霊岸島《れいがんじま》ノ光景ヲ緬像《めんざう》スルナリ」（『実記』252–2）の「緬像」となると、いささか難渋しよう。この語は、大型の漢和辞典にも中国語辞典にも見えない。「緬《はる》かに像《かたど》る」と訓読してみれば、「はるか遠く想い起こす」すなわち「緬想《めんさう》」に同じで、「想」を「像」に書き換えた（書き誤った？）語か、あるいは「緬然ト想像ス」（緬然《めんぜん》と想像《さうざう》す）を約《つづ》めた語のつもりかと推測することは可能だが、それでも多少の不安が残るのは否めない。

一方、漢文の引用も、わかってしまえばそれまでとはいえ、なかなか煩わしいのが実情だろう。『地理全誌』から引用された「謀レ生勤苦、性好レ動、軽二然諾一、寡二信義一」（『実記』178–6 f.1.）くらいの字句ならば、さほど難しくあるまい。一瞥して大意がわかるとはいえ、万一の曖昧な理解を防ぐべく、返り点に従って「謀ツテレ生ヲ勤苦シ、性好ミレ動ヲ、軽ンジテ二然諾ヲ一、寡シ二信義一」（生《せい》を謀《はか》って勤苦《きんく》し、性《せい》動《どう》を好《この》み、然諾《ぜんだく》を軽《かろ》んじて、信義《しんぎ》寡《すくな》し）とでも訓読してみれば、まずは一件落着だ。「然諾」は、引き受ける意。すなわち「然諾を軽んず」とは、引き受けておきながら約束を果たさないことをいう。

二 典拠に基づく表現

けれども、漢文の引用というよりも、むしろ漢籍に基づく表現と称すべき字句については、細心の注意が必要だ。たとえば、「是《これ》ヨリ原田毎毎《げんでんまいまい》トシテ、到《いた》ル処《ところ》ミナ耕作《かうさく》ノ田圃《でんぽ》」（『実記』040–7）と聞いたとたん、「原田毎毎」の意味やら出典やらがさっと頭に浮かぶ日本人はもはや皆無に等しいのではないか。これは「原田毎毎《げんでんまいまい》、其《そ》の旧《きう》を舎《す》てて新《しん》を是《こ》れ謀《はか》れ」（原田毎毎、舎テテ二其ノ旧ヲ一而φ新ヲ是レ謀レ／『左伝』僖公二十八年）に基づく四字で、原野を切り開いた農地に草が青々と茂っているさまをいう。見慣れた漢字ばかりだからと安心して、曖昧な理解のまま遣り過ごしてはなるまい。
怠りなく漢和辞典で「毎毎」を調べて例文を読み、「原田毎毎」を一つの表現として捉える必要がある。なお、右の
字句の末尾に見える「新ヲ是レ謀レ」(新《しん》を是《こ》れ謀《はか》れ)は、「謀レ新ヲ」(新《しん》を謀《はか》れ)の倒置構文だ。これについては、次章の冒
頭(↓127頁)で説明を加えよう。

同類の言い回しとして、「露都ノ士商ニハ、日耳曼人《ゲルマン》多ク、其《その》籍ヲ移スコト已《すで》ニ三世ナルモ、涇渭《けいゐ》ノ清濁《せいだく》判然タリ」
(『実記』283-4)に見える「涇渭ノ清濁」という表現もある。これは、「涇《けい》は渭《ゐ》を以《もつ》て濁《にご》る」(涇ハ以レ渭ヲ濁ル/『詩経』邶風
「谷風」)に関する注釈「涇渭《けいゐ》は相入《あひい》りて清濁異《せいだくこと》なり」(涇渭相入リテ而清濁異ナリ/『毛伝』)および「涇《けい》は…濁水《だくすい》なり。
渭《ゐ》は…清水《せいすい》なり」(涇ハ…濁水也。渭ハ…清水也/『釈文』)に基づく字句に違いない。二つの川すなわち涇水《けいすい》と渭水《いすい》
は、涇水が濁り、渭水が澄んでいることから、「涇渭の清濁」と言えば、二つのものの区別がはっきりしているさま
を表す。「ロシアの首都の高級商人には、ゲルマン人が多く、ロシアに籍を移してからすでに三世代を経ていても、
ゲルマン商人とロシア商人との上下の区別は明確そのものだ」との意であろう。ちなみに、実際には二つの川の清濁
は逆で、澄んでいるのが涇水、濁っているのが渭水だともいうが。

しかし、難しい漢語だの典拠に基づく字句だのは、漢和辞典を丁寧に引けば何とか解決の糸口くらいは見つかるう
え、そもそも辞典で調べようとの気を起こさせてくれる点で、まだしも質《たち》の悪《あ》しからざるものである。問題となるの
は、難しい漢字が連なっているわけでもないので、改めて辞典を調べる気にならぬ漢語や、訓読みしただけで勝手に
納得し、つい厳密に意味を考えることなく、そのまま遣り過ごしてしまう表現だ。一瞬わかったような気になって読
み飛ばしがちな字句こそ警戒すべきなのである。

第二節　典型的な訓読表現

一　再読文字「宜」

いかにも漢文訓読らしい響きを持つ典型的な訓読表現は、さほど手を焼かずにすむことも多い。たとえば、「(飲食用の器は)日本ニテモ、宜シク鍍錫銕《ブリキ》、及ヒ銕《び》器ニ改革スルコトヲ務ムベシ」(『実記』207–5)である。再読文字「宜」さえ知っていれば、即座に「宜しく〜べし」の呼応が見抜けるだろう。あとは漢和辞典を引いて、「銕」が「鉄」すなわち「鐵」の古字だとわかれば、すべては事も無し。「日本でも、ブリキ製や鉄製の食器に改めるよう努力する必要がある」との意である。

二　再読文字「猶」

今日、再読文字「猶」は、初読(右側の読み)の「なほ」に漢字を当て、再読(左側の読み)の「ごとし」を平仮名に開いて、「猶《な》ほ〜の〔が〕ごとし」と書き下すのが一般だが、漢文訓読体では、「猶ほ〜の〔が〕如し」のように、再読「ごとし」にも漢字「如」を当てた表記が大半を占めるものと見受ける。「頂上ヨリ望メハ《ば》、当時ノ戦状、歴歴《れきれき》トシテ猶眼前ニアルカ如《が》シ」(『実記』211–5 f.l.)・「(西洋のオペラは)猶我猿楽《わがさるがく》ノ如シ」(『実記』314–1 f.l.)・「石櫃《せきき》ノ形ハ、猶我神祠《わがしんし》ニアル水盥《すいくわん》ノ如シ」(『実記』326–6 f.l.)などがその例だ。こうした「猶ほ〜の〔が〕如し」は、再読文字「猶ホシレ〜ノ〔ガ〕」と同義の連語「猶ホ如シレ〜ノ〔ガ〕」の訓読表現とも見なせよう。《原文不在原理》の働く漢文訓読体にあっては、再読文字「猶」の再読「ごとし」をたまたま漢字で「如し」と記したのか、それとも連語「猶如」を用いたのかは、どうにも判別がつかないのである。もっとも、上方に「猶ほ」、下方に「如し」があるからといって、常に両者が組み合わさって一つの表現を形作るとは限らない。たとえば「又一千七百年末ノ図（＝世界地図）アリ、是《これ》モ猶迂闊《うくわつ》ニテ、我《わが》日本ヲ、支那ノ東ニ位《くらゐ》スル一大洲ノ如ク……画《ゑが》ケリ」（『実記』070–8）の「猶」と「如ク」は互いに独立した語で、再読文字「猶」や連語「猶如」とは無関係である。

三　宛として〜如し

「宛《ゑん》トシテ一時ニ鋳《ちう》セルカ《が》如シ」（『実記』152–2）も似たようなものだ。「宛として〜が如し」とは、なるほど訓読表現らしい響きだが、「宛」の訓「あたかも」さえ念頭に浮かべば、誤解の余地はあるまい。「まるで一度で同時に鋳造したように見える」意。「宛トシテ洋海ヲ飛越スルカ《が》如キヲ覚フコト、一分時間ニ及フ《ぶ》ナリ」（『実記』231–7 f.l.）もまったく同じで、「まるで大海原を飛び越えているような感じが、一分間も続いた」意である。もっとも、「宛として〜が如し」の呼応が常に守られるわけではない。「宛トシテ白石匣中《かふちゆう》ニ流水ヲタ、ヘタルナリ」（『実記』047–1 f.l.）のような書きぶりも見られる。意味に変わりはなく、「まるで白い石でできた箱のなかに流れる水をたたえているかのようだ」というにすぎぬので、それほど神経質になる必要はないけれども。

四　何ぞ啻に〜のみならんや

ただし、「何啻《なんぞただ》ニ傖父《さうふ》ノ面目ノミナランヤ」（『実記』262–6 f.l.）になると、いささか手こずるのではなかろうか。

「～ならんや」から察せられるように反語表現なので、一般には、疑問詞「何」を否定詞「不」に換え、「啻に倉父の面目のみならず」とすれば意味がわかるはずだが、「倉父の面目だけではない」では、やはり何のことやら理解できない。実は、これは「何《なん》ぞ啻《ただ》に～のみならんや、亦《ま》た〔又〕…なり」（何ゾ啻ニ～ノミナラン哉、亦タ〔又〕…也）の後半が省略された表現である。英語で言えば、例の相関表現〈not only...but also...〉の前半だけが記された表現で、後半を文脈から適宜に補ってこそ始めて意味がはっきりするわけだ。「倉父」は田舎者の意味であるから、思うに「田舎者のような卑しい顔つきに見えるばかりではない。それどころか、もっと卑しい顔つきにさえ見える」意であろう。

右の表現に見える疑問詞「何」を否定詞「不」に換えた「不㆓啻ニ～ノミナラ㆒」＝「啻《ただ》に～のみならず」や、さらにその「不啻」を後置した「～モ不㆑啻ナラ」＝「～も啻《ただ》ならず」も、ぜひ記憶しておきたい同義の訓読表現だ。漢文としては、「死《し》亡《ぼう》の数《すう》、啻《ただ》に太半《たいはん》のみならず」（死亡之数、不㆓啻ニ太半ノミナラ㆒／『後漢書』馮衍伝上）または「其《そ》の親《しん》に遠《とほ》ざかること、三千里《さんぜんり》も啻《ただ》ならず」（遠ザカルコト㆓其ノ親ニ㆒、三千里モ不㆑啻ナラ／〔宋〕王安石「送陳興之序」）のような例があり、それぞれ「死者の数は、三分の二どころではない（三分の二よりも、もっと多くの者が死んだ）」「その親族と離ればなれになる距離は、三千里どころではない（三千里よりも、もっと遠く離れる）」意になる。右で観察した例が「啻《ただ》ニ倉父《さうふ》ノ面目ノミナラズ」あるいは「倉父《さうふ》ノ面目モ啻《ただ》ナラズ」と記されていても、決して不思議ではない。要するに、「何《なん》ぞ啻《ただ》に～のみならんや」もしくは「啻《ただ》に～のみならず」「～も啻《ただ》ならず」で一文が終わっているときは、まず「～どころではない」と解釈し、いっそう程度が甚だしい内容を文脈から補って、「もっと…だ」との意味に理解すればよいのである。もっとも、右の二つの漢文に見える「太半」「三千里」のように、数詞を典型とする数量を表す語句であれば、ただちに「～どころか、もっと…である」との解釈で事が収まるが、問題の「倉父の面目」のごとく、名詞が眼目になっていると、右のような解釈の手続きが煩わしく感じられるかもしれない。そのときは、端的に「～をはるかに上回る」「～と言っても、とても言い足りないほどだ」などと訳してみることを勧める。「田舎者の顔つきと言っても、とても言い足りないほどだ」となれば、文意は自ずから明らかだろう。

五　同語反復表現

このほか、典型的な訓読表現として、同一の語を上下に重ねる表現も登場する。たとえば、「且」を繰り返す「且《かつ》進ミ且《かつ》退キ」（『実記』211-5 f.l.）のような字句がその例だ。これは「進んでは退く」意である。「乍」を反復して用いる「乍《たちま》チ漲《みなぎ》リ、乍《たちま》チ涸《か》レル」（『実記』234-6 f.l.）も似たような表現で、「満ちあふれたかと思うと干上がってしまう」意。「愈」の呼応する表現は英語〈the more...the more...〉に相当し、「愈《いよいよ》久《ひさし》ケレハ《ば》愈《いよいよ》堅《かた》シ」（『実記』260-4 f.l.）は「時間が経てば経つほど、ますます堅くなる」意だ。いずれも理解に苦しむ表現ではない。唯一、解釈につまづく可能性があるのは、「実ニ化工《くわこう》ノ奇《き》ヲ弄《ろう》スル、愈《いよいよ》出《いで》テ愈《いよいよ》変化《へんげ》ナルヲ感《ず》ス」（『実記』247-3 f.l.）の「出《いで》て」だろうが、「愈出て愈〜」が現代中国語の「越来越〜」（ますます〜だ）に相当する表現「愈出愈〜」の訓読だと気づきさえすれば、ただちに一件落着だ。つまり、この「出て」は、事態の推移や進展を漠然と表す語であり、具体的に何かがどこかから出てくる意味ではない。「まったく天が不思議な生き物を造る技巧は、見れば見るほど自由自在なものだとの印象を受ける」意であろう。漢文では、「愈出愈〜」を「奇」と組み合わせ、一つの固定された表現「愈々出《デテ》愈々奇《ナリ》」（愈《いよ》いよ出《い》でて愈《いよ》いよ奇《き》なり）として用いるのが通例のようだが。

ところが、時として一筋縄ではゆかぬ同語反復表現も登場するので、油断はできない。「従《したがつ》テ焙《ばい》シ〔焙《はう》シ《じ》〕、従《したがつ》テ出《いだ》スヘ《べ》シ」（『実記』113-6 f.l.）がそれだ。実のところ、「従」を上下に呼応させる表現は目にした記憶がなく、管見に入るかぎり、各種の辞典類も「従〜従〜」の用例は載せていない。按ずるに、これは同語反復表現「随〜随〜」の「随」を、同訓「したがふ」であるとの理由から、「従」に書き換えた（書き誤った？）ものではなかろうか。「随〜随

〜」ならば、漢文に「随《したが》って乱《みだ》れ随《したが》って失《うしな》ふ」（随ッテ乱レ随ッテ失フ／〔唐〕韓愈「与孟尚書書」）のごとき用例があり、「ああだこうだと諸説が乱立するそばから、文章の真義が失われてゆく」との意味である。では、これをただちに「従〜従〜」にも適用してよいかとなると、さらに一つの注意が必要だ。それは、往時の日本人が「随〜随〜」を二つの訓読形式によって微妙に使い分けていた可能性である。一つは「随って〜すれば、随って〜す」のごとく「ば」で切る表現、もう一つは「随って〜し、随って〜す」のように連用形で切る表現だ。たとえば福沢諭吉は両者を使い分けていたかと思われるふしがあり、どうやら前者は「〜するたびに〜する」意、後者は「〜するそばから〜する」意のようである。それぞれ二例ずつ、解釈を添えて挙げると——

・随て出《いづ》れば随て新《あらた》にして（『概略』011–7 f.l.）
　＝ある説が出てくるたびに、それが新しい説である。
・随てこれを試み随てこれを改め（『概略』072–4）
　＝試みるそばから改める。
・随て建て随て毀《こぼ》ち（『概略』178–2 f.l.）
　＝自分で説を立てるそばから自分でその説をくつがえす。
・随て国を建《たつ》る者あれば、随て併合せらるる者あり（『概略』192–6 f.l.）
　＝国を建てるたびに、それと併合されてしまう国もある。

右の区別が正しいとすれば、問題の「従テ焙シ、従テ出スヘシ」は、連用形で切れているので、「焼き上がるそばから取り出すことができる」意になる。文脈に照らしても、一応は落着きが得られるようだ。もし同訓という理由で

「随〜随〜」を「従〜従〜」に書き換えたのだとすれば、恣意によるとしか言いようのない話だが、訓読表現に慣れ親しんでいた明治人ならではの、善く言えば自由自在さ、悪く言えば勇み足であろう。それが訓読表現とは疎遠になった現代の我々を困惑させるのである。

第三節　返り読み表現

次は、漢語を返り読みした訓読表現だ。その代表格は、〈V＋O〉構造の漢語を「V《ス》レO《ヲ》」と返り読みし、日本語の〈O＋V〉構造つまり「OをVす」に改めた言い回しである。

一　色を生ず

「此《ここ》ニ入《い》レハ《ば》、日本ノ工産モ、亦《また》一層ノ色《いろ》ヲ生《しやうず》スルヲ覚フナリ」（『実記』242–2 f.l.）とあれば、何となくわかったような気になるが、果たして「色を生ず」とはどういう意味か。「色」と「生」を漢和辞典で調べてみても、それぞれが多義にわたり、かえって混乱するだけだろう。これは、語順を「生色《せいしよく》」（生《ズ》レ色《ヲ》）に組み替えて漢和辞典を引き、始めて「精彩を放つ、輝きを増す」意味だとわかる。「この部屋に入ってみると、日本の工芸製品もひときわ精彩を放つ感じがする」意であろう。

二　朽を拉す

「爾後《じご》拿破侖《ナポレオン》ノ兵ヲ受ケシトキニ当《あた》リテハ、朽《きう》ヲ拉《らふ》スルカ如《が》ク挫敗《ざはい》セリ」（『実記』246–5）の「朽を拉す」も同様で、漢和辞典で「拉朽《らふきう》」（拉《ス》レ朽《ヲ》）を調べさえすれば解決するはずだ。これは「朽《く》ちた木を折る」すなわち力を使わず容易に事を成し得るとの意味であり、「その後ナポレオンの攻撃を受けたときは、あえなく敗走してしまった」意になる。

三　功を竣む

「今ヨリ更《さら》ニ五年ヲ経テ、而《しかし》テ後《のち》ニ功《こう》ヲ竣《とど》ムルベシ」（『実記』260–8）も似たようなものだ。「功を竣む」が「竣功《しゅんこう》」の返り読み「竣《ム》レ功《ヲ》」だと気づけば、仕事を成し終える意だとわかるだろう。「竣工」ならば見たことがある、と言う向きもあろうが、「工」と「功」は意味に共通部分が少なくない。「今からさらに五年後になって、ようやく工事が完成することになっている」意である。

四　級を拾ふ

こうした例は数多くあるが、面白いのは、階段をのぼる意味の表現である。現代日本語では、「階段をのぼる〈あがる〉」くらいだろう。しかし、訓読表現には格調の高い言い回しが用意されており、たとえば「冢《つか》ノ高サハ、級《きふ》ヲ拾《ひろ》フコト二百二十五ニテ、其頂《そのいただき》ニ達ス」（『実記』213–5）などと出てくる。この「級を拾ふ」すなわち「拾級《せふきふ》」（『礼記』曲礼上）の訓読「拾《フ》レ級《ヲ》」こそが階段をのぼる意味の言い回しだ。「この塚《つか》は、階段を二百二十五段ものぼって、その頂上に達するほどの高さだ」との意になる。

ただし、似たような「男女歩ヲ拾《ひろ》フテ行《ゆ》ク」（『実記』247-2）に同じ作戦で臨んでも空振りに終わってしまうから困り物だ。「拾歩」は漢和辞典に見当たらず、かえって古語辞典に「あゆみをひろふ」の例が見える（『角川古語大辞典』「ひろふ」項④）。どうやら、「徒歩で行く」意の「歩《あゆみ》を拾ふ」は、日本語のなかで生まれた言い回しらしい。

もっとも、「階ヲ拾《ひろ》ヒ、上《のぼ》ルコト十五六級」（『実記』061-3 f.l.）はどうか。意味は「階段を十五、六段のぼる」ことだろうと見当がつくものの、各辞典に「拾階」という語は見えない。すぐ下に「十五六級」とあるので、たぶん右で観た「拾級」すなわち「級を拾ふ」の変形だろうとは思うが、同じく右に挙げた「歩を拾ふ」の「歩《あゆみ》」を「階《きざはし》」に換えた言い回しとも解せるような気がする。こうした出自の不確かな表現も登場するわけだ。

いずれにせよ、返り読みによって〈O＋V〉の語順になった表現の正しい意味を知るには、もとの語順すなわち〈V＋O〉にもどし、それを漢和辞典で調べる必要がある。もし漢和辞典に見えなければ、そして古語辞典や国語辞典にも見えなければ、類似の表現から推測するしかない。日本語の言い回しの意味を理解するために、漢文の語順に復元する作業が第一歩とは、何となく釈然としない思いも残るだろうが、原理上、返り読み表現については、その手続きが不可欠なのである。

第四節　紛らわしい訓読表現

では、いよいよ、いかにも紛らわしい訓読表現を見てみよう。もちろん、紛らわしいか否かは個人によって差があり、以下、すでに理解している向きには単なる閑文字にすぎまい。しかし、わかったような気になって読み飛ばすのを防ぐためには、いささかくどい注意が必要だという点にだけは賛同してもらえるものと思う。

一　日に

もちろん、「日《ひ》ニ戸庭《こてい》ヲ掃《はら》ヒ、窓櫳《さうろう》ヲ拭《ぬぐ》ヒテ」（『実記』229–8 f.l.）の「日ニ」くらいなら、紛らわしいのどうのと騒ぐ必要はないかもしれない。これは、例の「吾《われ》日《ひ》に吾《わ》が身《み》を三省《さんせい》す」（吾日ニ三二省ス吾ガ身ヲ一／『論語』学而）に見える「日に」と同じで、「毎日、日ごと」の意。「毎日、門内の庭を掃除し、窓の格子の汚れを取って」との意味になる。ひょっとすると「一日で、一日のうちに」と誤解するおそれもあるかと思うのだが、老婆心にすぎぬだろうか。「職人ヲ用ヒル、日ニ九千人」（『実記』196–4）の「日ニ」ならば、「一日に」と解しても通じるが。

二　凡そ

それに比べると、「全国運河ノ数ハ、凡《およそ》八十六ニテ」（『実記』026–5）の「凡《およそ》」は、紛らわしさの度合いが増すだろう。「およそ」という以上、「だいたい、あらまし」の意味に響き、概数を表すのかと思いきや、「八十六」とあるのだから、どうにも違和感が拭えまい。概数ならば「八十」や「九十」など、切りのよい数字を記すはずだ。実のところ、この「凡そ」は「合計して、全部で」の意であり、日本語の「およそ」や「おおよそ」とは意味がずれる。「全国の運河の数は、合計で八十六本に達し」の意だ。ちなみに、漢文では「大凡」が数詞を伴うときも、「凡」と同じく「合計して、全部で」の意になる。つまり、数詞を従えた訓読表現「凡《およ》そ」や「大凡《おほよそ》」は、日本語の「およそ」や「おおよそ」と意味合いが異なるわけだ。たとえ「凡《およそ》三回マテ《で》、拿破侖《ナポレオン》ハ進ンテ《で》」（『実記』211–5 f.l.）のように小さい数でも、「製造場ニ於《おい》テ従事スル所ノ職人、凡《およそ》二万四千人ト見積《みつも》リ」（『実記』147-4 f.l.）のごとく大きな数であっても、「凡そ」の語義「合計して、全部で」は変わらない。特に後者は、切りのよい数字が「見積リ」として記されているだけに、概数表現「だいたい、あらまし」に解しても意味がすんなり通じてしまうので、十分な注意が必要だ。

三　処処

次は「米国ノ郡村ニテハ、盛大ナル花粉《くわふん》（＝小麦粉）ノ製造所ヲ、処処《しよしよ》ニ設ケタリ」（『実記』114-5）の「処処」に目を移してみよう。この二字を理解すべく、なまじ「処処《ところどころ》」と訓読みすると、小麦粉の製造所が、こちらに一つ、あちらに一つ、ぽつりぽつりと散在しているような印象を受けるのではなかろうか。しかし、この「処処」は名高い詩句に「春眠《しゆんみん》暁《あかつき》を覚《おぼ》えず、処処《しよしよ》啼鳥《ていてう》を聞《き》く」（春眠不レ覚《エ》レ暁《ヲ》、処処聞《ク》二啼鳥《ヲ》一／〈唐〉孟浩然「春暁」詩）とあるように、「あちらこちら」の意味である。明らかに、現代日本語の「ところどころ」よりも存在する点の密度が高い。右は「アメリカの田舎では、大規模な小麦粉の製造所が至るところに建てられている」意となろう。「処処」は使用頻度が高い語句のため、イメージを取り違えないよう注意しておくべきかと思う。ただし、ほとんどの国語辞典は「ところどころ」を「あちらこちら」に同義と説いているので、日本語「ところどころ」に対する私の語感が間違っていると言われれば、それまでだが。

四　多少

警戒すべきは、何と言っても前掲の和漢異義語（→67頁〈表12〉）だ。その代表格が「多少」であろう。ふつう日本語で「多少」と言えば、後方の「少」に重みがかかり、「いくらか、少し」の意味で用いられる。ところが、漢文では逆に前方の「多」に重きが置かれて、「たくさん、多い」の意味になることが少なくない。有名な詩句「多少《たせう》の楼《ろう》台《だい》煙《えん》雨《う》の中《うち》」(多少ノ楼台煙雨ノ中／〔唐〕杜牧「江南春」詩)に見える「多少」がその例で、「数知れぬほど多い」意である。これがそのまま漢文訓読体に持ち込まれるのだから、実に話が厄介だ。

最終的には、慎重に文脈を検討し、訓読表現として「多い」なのか、通常の日本語として「少し」なのかを判断しなければならない。どちらに解釈してもよさそうな場面が生ずる可能性もあるので、事はなかなか面倒である。それでも、「多少ノ賊軍」(『実記』111-8 f.l.)・「多少ノ匠心《しやうしん》器械」(『実記』128-3)・「多少ノ感」(『実記』221-8 f.l.)・「多少ノ勢力」(『実記』245-5)・「多少ノ艱《かん》苦《く》」(『実記』249-4)・「多少力《ちから》ヲ用フ」(『実記』260-7)などの「多少」は、文脈から見て、ほぼ間違いなく訓読表現として「多数、多大」の意を持つものと思われ、漢文訓読体の文章のなかで、日本語として「幾分、些少」の意に傾くことは、例外に属するのかもしれない。漢文訓読体の「多少」は、まずは訓読表現と捉えて「たくさん、多い」の意味に解釈し、どうしても文脈にそぐわぬときだけ日本語と見なして「いくらか、少し」の意味に理解する——これが念頭に置くべき基本方針であろう。

五 のみ

一般には限定を表すと理解されている「のみ」も要注意である。漢文でも限定、日本語でも限定の意。いったい何に注意すべきなのか、見当がつかないかもしれない。たしかに、「啻《ただ》に」や「独《ひと》り」と組み合わさって、「啻《ただ》ニ山林ノミナラサ《ざ》ルヘ《べ》シ」(『実記』217-1 f.l.)・「独《ひと》リ能《よ》ク日本ニ通商シタルノミナラス《ず》」(『実記』229-8)などと出てくれば、「のみ」が限定の意味であることを疑う余地はないだろう。けれども、単独の「のみ」には警戒を要する。たとえば、

「総《すべ》テ米欧ノ地ヲ回《まは》リ、凡《およ》ソ坐《ざ》臥《ぐわ》心目《しんもく》ニ惑触《わくしょく》スル、治安ノ効、文明ノ華、ミナ銕《てつ》ノ変形シテ、此《この》景象ヲ幻出《げんしゅつ》セルノミ」、（『実記』198-8 f.l.）の「のみ」だ。この一節は欧米の近代国家の諸要素が鉄によってもたらされていることを説いているが、末尾の「のみ」を限定と考え、「ミナ銕ノ」以下を大略「すべては鉄が変形して現れたものにすぎない」と解しても、通じることは通じる。しかし、欧米の「治安ノ効、文明ノ華」の実質は鉄にすぎず、一皮むけば鉄ばかりと貶《けな》している文脈であればいざ知らず、鉄の効用に少なからず感嘆している当該の一節を「〜にすぎない」と理解するのでは、何やらちぐはぐな印象であろう。ここで想い起こすべきは、漢文の「のみ」がそれこそ限定のみならず、強調をも表すという事実である。それが訓読表現として持ち込まれていると考えれば、大意は「すべては鉄が変形して現れたものなのである」となり、いっそうの落ち着きを得るに違いない。どうしても限定の意に義理立てしたければ、「すべて鉄が変形して現れたものばかりである」と理解してもよかろう。いずれにせよ、「のみ」をひたすら限定と考え、「〜にすぎない」または「〜だけだ」と訳そうとすると、否定的な意味合いに傾き、語感を取り違える危険性がある。時として「のみ」が強調の意にもなることを念頭に置いて、「〜なのである」をも用意し、さらには限定と強調を兼ねた響きを持つ「〜ばかりである」あるいは「〜にほかならない」なども手駒《てごま》に加えておくのが無難だろう。

訓読表現の「のみ」は、日本語の「のみ」よりも意味の範囲が広いのである。

六　そもそも

「そもそも」にも、似たような事情がからまる。漢文の「抑」には、日本語の「そもそも」と同じく物事を言い起こす機能ばかりでなく、選択肢を並べる機能もある。後者は、日本語ならば「または、それとも」に相当するが、その意味のときでも、前者と同じく「そもそも」と訓読するのが通例だ。たとえば、「夫子《ふうし》の是《こ》の邦《くに》に至《いた》るや、必《かなら》ず其《そ》の政《せい》を聞《き》く。之《これ》を求《もと》めたるか、抑《そも》そも之《これ》を与《あた》へたるか」（夫子《ノ》至《ル》二於φ是《ノ》邦《ニ》一也《ヤ》、必《ズ》聞《ク》二其《ノ》政《ヲ》一。求《メタル》レ之《ヲ》与《か》、抑ゝ与《ヘタル》レ之《ヲ》与《か》／『論語』学而）に見える「抑」である。これがそのまま漢文訓読体の文脈に入り込んでくるのだから、同じ「抑《そもそも》」でも、物事を説き起こす語なのか、選択肢を並列する語なのかを、はっきり弁別せねばならない。

「顧《おも》フ我《わが》日本ノ如キモ、亦荷蘭《またオランダ》ノ勉《つと》メタルニ比《ひ》スヘ《べ》キ歟《か》、抑《そもそも》支那《シナ》ノ惰《だ》ナルノ類ナル歟《か》」（『実記』222–1）の「抑」は、明らかに選択肢を並べている訓読表現としての「抑」だ。「改めて考えてみれば、我が日本にしても、勤勉なオランダになぞらえることができるような国なのだろうか、それとも、怠惰な中国と似たような国なのだろうか」の意である。それに引き換え、「日本ニテハ、空気ノ湿《うるほ》フノミニ非《あら》ス《ず》、抑《そもそも》屋作《をくさく》ノ爽暢《さうちやう》ニ注意セサ《ざ》ルニ因《よ》ル」（『実記』253–7 f.l.）のような「抑」は、物事を説き起こす言葉として用いられており、すんなり日本語「そもそも」に一致するので、特に問題は生じない。「日本では、空気の湿度が高いだけでなく、そもそも家屋を建てるとき、乾燥を保てる材料を使うよう留意しないことが（黴《かび》の発生を防げない）原因なのである」の意となろう。

訓読表現の「そもそも」も、やはり日本語の「そもそも」以上の意味を持っている。

七　すでにして

しかし、紛らわしいという点では、「すでにして」こそ典型と称すべき訓読表現かもしれない。「すでにして」と聞けば、だれしも「すでに」の強調形と受け取るのではあるまいか。意味は「すでに」と同じで、「もはや、とっくに」くらいに解釈しておけばよかろう、と。けれども、事実は違う。「すでにして」は、漢文「既而」または「已而」の訓読「既《すで》にして」（既φ而《ニシテ》）あるいは「已《すで》にして」（已φ而《ニシテ》）そのもので、現代中国語ならば「不久」（久《ひさ》しからず＝不レ久《シカラ》）すなわち「その後まもなく、しばらくして」の意味になる。たぶん、これは、もと「既〔已〕而」の二字で、「既《すで》〔已〕に此《かく》の如《ごと》くして而《しか》る後《のち》に」（既ニ〔已〕如レクシテ此ノ而ル後ニ）つまり「もはやそのようにしたあとで」のごとく、事態の推移を示す意味合いであった表現が、長きにわたって繰り返し用いられるうちに熟語となり、「その後まもなく、しばらくして」のように些少の時間の経過を表す字句へと転じたものであろう。

たとえば、「既ニシテ〈シャンゼルセー〉ノ広衢《くわうく》ヲ馳セ、〈アレチツリヨン〉門前ナル館ニ著《ちやく》セリ」（『実記』040–6 f.1.）は「その後まもなくシャンゼリゼ通りを走り、凱旋門の前の建物に到着した」意であり、また「已ニシテ瀛車ハ〈メーセ〉河ヲ渡ル」（『実記』231–5）も「ほどなく汽車はムーズ川を渡った」意である。それぞれ字面《じづら》のままに、「すでにシャンゼリゼ通りを走り抜けて……」または「すでに……ムーズ川を渡った」と解釈しても、特に前後の文脈と齟《そ》齬《ご》を来たさないので、なかなか始末が悪い。おそらく「すでにして」は、最も誤解に気づきにくい訓読表現であろう。

八　わづかに

紛らわしさにかけては、「わづかに」も、「すでにして」と肩を並べる表現かもしれない。「わづかに」とあれば、ふつうは「ほんの少しばかり、いささか」の意に理解する。ところが、この語感で訓読表現の「わづかに」を読み解くことはできない。たとえば、「人行《じんかう》ニテハ、十分時行《じつぷんじかう》ニテ僅《わづか》ニ橋《はし》ヲ尽《つく》スヘ《べ》シ」（『実記』231–8）の「僅に」はどうか。「少しばかり……尽くす」では意味を成すまい。この「僅に」は訓読表現で、「そこではじめて、やっと」の意である。「この橋は、人の足で歩けば、十分ほど歩き続けてやっと渡りきれるほど長い」との意味だろう。また、ダイヤモンドの研磨についての一文「一面了《をは》リテ、他ノ一面ニ至リ、一沙粒大《ひとすなつぶだい》ノ石ヲ磨《みが》クコト、数日ヲ兼《か》ネテ纔《わづか》ニ成ル」（『実記』258–5）に見える「纔に」も同様だ。これは「一つの面を磨き終えると、もう一つの面を磨く作業に取りかかり、砂一粒くらいの小さなダイヤモンドも、数日を費やして、はじめて磨き上がる」意である。通常の日本語の語感のままに、「数日を費やしても、ほんの少し磨き上がるだけだ」と解釈しても文意が通じ、それなりにもっともらしく聞こえるため、つい誤読を犯してしまう危険性が高い。

もちろん、漢文の「僅」「纔」は、「ただ～だけ、～にすぎない」の意味になるときもある。しかし、そのような場合は、下文に「のみ」を呼応させ、限定形として「わづかに～のみ」と訓読するのが通例だ。たとえば、「初《はじ》めは極《きは》めて狭《せま》く、纔《わづ》かに人《ひと》を通《つう》ずるのみ」（初メハ極メテ狭ク、纔カニ通ズルノミ㆑人ヲ／〔晋〕陶潜「桃花源記」）である。これは、桃源郷へと通じる岩穴を描写した字句で、「入口は狭いことこのうえなく、かろうじて人が通れる程度にすぎなかった」意。したがって、右に挙げた「僅《わづか》ニ……尽スヘシ」「纔《わづか》ニ成ル」のごとく「のみ」が添えられていない場合は、逆にそれを手がかりとして、「わづかに」は「そこではじめて、やっと」の意味かと見当をつけることもできる。漢文訓読体において常に「わづかに～のみ」の呼応が守られる保証はないので、最終的には文脈をにらみつつ慎重に判断しなければならないが。

このような説明を見ていると、次第に気持ち悪さが昂《こう》じてくるだろう。漢文訓読体とはいえ、とにかく日本語なのだからと、つい通常の語感で解釈しに出たとたん、思わず知らず意味を取り違えてしまう。気持ち悪いどころか、一つひとつの語句に罠《わな》が仕掛けられているように見えて、慎重な読解を心がけるとは言いながら、その実、半ノイローゼ状態に陥るかもしれない。すべては《語義従漢原理》が引き起こす災禍だ。

最後に、訓読表現に神経をとがらせるあまり、とうとう泥沼に足を突っ込んだ例を紹介してみよう。ただし、景気の悪い話ばかりではない。泥沼から蓮華が顔を出した例も差し挟むことにする。

第五節　訓読表現の極北

一　AをBと為す

「此《この》両種ヲ雑用玻瓈《ガラス》ノ元質トナス」（『実記』205–6）という字句がある。ふつうは、「此両種」が直前の「〈ポッタース〉玻瓈《ガラス》」と「曹達玻瓈《ソーダガラス》」を指す以上、二種のガラスの製法・特徴・用途などを調べることになるだろう。語句としては、「元質」が「原材料」の意味であることさえわかれば一丁上がりだ。しかし、ひたすら訓読表現に注目していると、ただちに「~を…となす」という言い回しが目に飛び込んでくる。実のところ、これは予想外にややこしい表現だ。一般形で示せば「AをBと為す」（A《ヲ》為《ス》レB《ト》）。その訓読と解釈は、次のように整理できる。

1　（以《テ》レ）A《ヲ》為《ス》レB《ト》　　＊「Aを以《もっ》てBと為《な》す」の「以て」が省略された構文。

〔訓読〕「AもてBと為《な》す」（A《モテ》為《ス》レB《ト》）と訓読するも可。

〔解釈〕「AをBにする」

2　A《ヲ》為《ス》レB《ト》

a　〔訓読〕「AはBたり」（A《ハ》為《たり》レB）と訓読するも可。　　＊「為」＝英語〈be〉

〔解釈〕「AはBである」

b　〔訓読〕「Aを〔は〕Bと為《い》ふ」（A《ヲ〔ハ〕》為《フ》レB《ト》）と訓読するも可。

〔解釈〕「Aを〔は〕Bと呼ぶ〔名づける〕」

右のうち、2bの可能性は破棄しやすい。「雑用玻璨ノ元質」を呼称と考えるのは、いささか無理だからだ。けれども、1と2aの解釈の適否は、にわかには決定しがたい。「この二種を雑用ガラスの原材料にする」でも「この二種が雑用ガラスの原材料である」でも、まったく同様に通じるためである。どちらでも似たようなものではないか、と言われれば、まさにそのとおりだ。似たようなものだからこそ、漢文でも同じ言い回し「Aヲ為スレBト」で表現できるのである。しかし、たとえば英語に翻訳する場合、「AをBにする」と「AはBである」とでは、ずいぶん結果が違ってくるだろう。むろん、英訳するために訓読表現が用いられているわけではないのだから、こだわる必要はないのかもしれない。だが、この一文を記した書き手の語感は、果たしていずれだったのか。あるいは、どちらということもなく、何やら曖昧なままだったのか。このように考えていると、訓読表現の陥穽を避けるための用心が、かえって自らを泥沼に引きずり込む結果を招くのである。

二　特に

もっとも、目くじらを立てて訓読表現を追い回していると、思わぬ収穫に出逢うこともある。ふつう「特に」とあれば、だれもが無条件に「とくに」と読むだろう。風も吹かず波も立たずといった景色である。けれども、オランダの干拓工事について「一時ハ金集《あつま》ラス《ず》シテ、中止セルコトモ両年余アリテ、特ニ年月ヲ糜《つひや》セシニ、英国ノ富商、更ニ金ヲ醵《きよ》シテ、竟《つひ》ニ其《その》成業ヲナスニ至レリト云《いふ》」（『実記』260-7 f.1.）と記された場合はどうか。「特に」をそのまま「とくに」と読み、あれこれ小理屈を考えても、今一つ脈絡にそぐわない。しかし、訓読表現かと疑いさえすれば、この「特に」は「ただに」と読むべき語で、「特《ただ》ニ年月ヲ糜《つひや》セシニ」つまり「ただむなしく年月を過ごしたが」の意味だとわかる。要するに、この「特」は「徒」と同義であるから、好みとあらば「徒に」に同じく「いたづらに」と訓ずることも不可能ではない。通常の日本語の感覚だけでは、「とくに」としか読みようがなく、つい曖昧なまま通り過ぎてしまいがちだが、訓読表現かと警戒する気持ちを常に用意していれば、「特に《ただ》」または「特　に《いたづら》」と読むのは容易な業《わざ》である。漢文訓読体の文章を閲読するにさいしては、やはりこの種の心がけが欠かせない。

「特」は意外に厄介な字で、たしかに「特に《とく》」と読むことが多いとはいえ、「特ニ《ただ》〈エルビュー〉府ノ利益ノミナラス《ず》、近隣ノ耕作ノ為《た》メニモ、亦《また》大ナル利益ナリ」（『実記』146-6 f.l.）・「今此《ここ》ニ希望スルハ、特《ただ》ニ太平ヲ保ツノミニアラス《ず》」（『実記』342-7）のように、下方の「のみ」と呼応し、「ただ、単に」の意味で「ただに」と訓ずることもあれば、「特《ひと》り一家の射法に拘泥《こうでい》して、中《あ》たるべき矢を射ず、獲《う》べき鹿を失ふ」（『概略』073-2 f.l.）のごとく、「ひたすら、もっぱら」の意味で「ひとり」と読むこともある。加えて、右に観察したように、「特　に《いたづら》」とも読める「特に《ただ》」も存在するわけだ。送り仮名を見れば「特り《ひと》」はすぐにわかるが、「特に」と記されているときは、「特に《とく》」か「特に《ただ》」か、その「特に《ただ》」にしても、「のみ」と呼応する「ただ、単に」の「特に《ただ》」なのか、はたまた「特　に《いたづら》」とも読める「特に《ただ》」なのか、読みと意味について一方《ひとかた》ならず慎重を期さねばならないのである。

ただし、このように注意すればするほど、いよいよ半ノイローゼ状態に陥るのは必至であろう。前掲の「此《この》両種ヲ雑用玻瓈《ガラス》ノ元質トナス」のごとく、どうにも真義を決めかねる場面がますます増えてくるからだ。

三　冑紐を緩す

極めつきは、「曾《かつ》テ冑紐《ちうちう》ヲ緩《くわん》スルヲ得《え》ス《ず》」（『実記』117-1）ではあるまいか。「今まで軍事上の警戒をゆるめることは一度もできなかった」意である。読みに問題は生じない。文意も理解しやすい。しかし、どうしても気になるのは、

「冑紐を緩す」という言い回しの「冑」だ。想い起こしてもらえるだろう、第二章で〈表9〉（→63頁）に示したとおり、本来の漢語ならば、「甲」がよろい、「冑」がかぶとのはずだが、日本語では、誤って字義を逆さまにし、「甲」をかぶと、「冑」をよろいの意にも用いるのである。果たして、この「冑」は、漢語としてかぶとなのか、それとも日本語としてよろいなのか。

「冑」が漢語ならば、「冑紐」はかぶとの紐《ひも》であるから、俚諺「勝ってかぶとの緒《お》を締《し》めよ」も連想されて、ひとまず安心というところだ。漢和辞典を検してみても、「冑紐」こそ見つからぬものの、「冑纓《ちょうえい》」という語は載っている。「纓」も「紐」も、同じく「ひも」。「冑纓」の「纓」を、たまたま同義の「紐」に作り替えた語と考えれば、「冑紐」がかぶとの紐を指すことに疑問の余地はない。「かぶとの紐をゆるめることができない」と聞けば、軍事的な警戒を怠れないことの比喩だと受け取れるだろう。

では、「冑」は日本語で、「冑紐」がよろいの紐《ひも》を意味する可能性はないのだろうか。「冑」を「甲」に換え、やはり漢和辞典の類を調べてみると、「甲絲《かぶし》」「甲絣《かぶはう》」「甲縷《かぶる》」など、よろいを編み合わせる紐を指す語が見つかる。こうした語の「甲」を、たまたま日本語の習慣に従って「冑」に作り、「絲」「絣」「縷」などを、どのみち「ひも」の意だと踏み倒して「紐」と記せば、「冑紐」がよろいの紐になっても不思議ではない。実際、「よろいの紐をゆるめることができない」と言っても、軍事的な警戒を怠るわけにゆかぬことの比喩として使えそうだ。

おそらく「冑紐」は、前者すなわち「かぶとの紐」と解しておけばよいのだろう。ただし、後者すなわち「よろいの紐」をにべもなく捨て去るわけにはゆくまい。かぶとにせよよろいにせよ、文意さえわかれば十分、細かいことにこだわる必要はない、と言われれば、それまでだ。たしかに、それも一つの態度だろう。けれども、絶対に「かぶとの紐」だと判断できる決め手はない。「よろいの紐」と解する余地も残り、ましてや、もしかすると書き手が漢語と日本語とで「甲」と「冑」の意味が逆であることを失念した可能性もあるのではないか、などと疑い出すと、ますます真義がわからなくなってくるのである。

「冑紐」の解釈にまつわるのは、最終的には、単に「冑」に関わる字義の問題だ。ただし、それは、「冑紐を緩す」について、あらかじめ「緩紐」「緩冑」などの熟語がないことを、つまり「冑紐を緩す」が「紐《ひも》を緩《くわん》す」（緩《ス》レ紐《ヲ》）や「冑《かぶと》を緩《くわん》す」（緩《ス》レ冑《ヲ》）などの訓読表現に基づく字句ではないことを、前もって確認したうえでの話である。少なくとも「冑紐を緩す」については、まず訓読表現かと疑って調べる作業が、字義の問題に持ち込むための前提にほかならない。もちろん、「帯《おび》をゆるめる、（転じて）くつろぐ」意の「緩帯《くわんたい》」すなわち「帯《おび》を緩《くわん》す」（緩《ス》レ帯《ヲ》）のごとき表現が脳裡に収められていればこそ、「冑紐を緩す」のような言い回しができたのだろうが。

次章では、倒置表現と、使役表現もどきの仮定表現とに焦点を絞り、さらに詳しく訓読表現を観察してみよう。

第四章

訓読表現の詳細——『文明論之概略』

本章では、福沢諭吉の文章に見られる二つの訓読表現に焦点を絞り、『文明論之概略』を中心に、その詳細を確認しておく。一つは倒置表現、もう一つは使役表現かと見紛う仮定表現である。前者は、いわば小物で、解釈に難渋するほどではないが、つい曖昧な理解のまま通り過ぎてしまいがちな性質の語句。後者は、なかなかの大物で、誤解していることに気づかぬまま、わかっているような気になりやすい危険な表現だ。事に大小の相違があるとはいえ、いずれも漢文訓読体に対する語感を磨くには恰好の訓読表現と考える。

第一節　倒置表現

漢文訓読体には、漢文の倒置表現が時おり顔をのぞかせる。倒置表現だと意識せずとも、解釈が滞る可能性は低い。しかし、倒置表現だとの認識があれば、記された字句がくっきり目に映るようになり、何となくわかる段階から、明確に理解する段階へと進めるだろう。閲読時の精神衛生には不可欠の知識である。

漢文には種々の倒置表現があるが、ここで取り上げるのは、動詞と目的語を逆転させ、両者のあいだに倒置標識の「之」または「是」を挿入する方式だ。漢文では、英語と同じく、「動詞＋目的語」が正置構文である。もし目的語を強調したければ、目的語を動詞の上に引き出し、「目的語＋動詞」と倒置すればよい。ただし、単に倒置したまま放り出してしまうと、目的語は名詞であるから、「名詞＋動詞」という品詞構成になり、名詞が動詞の上に置かれているために、本来は目的語であるはずの名詞を主語だと勘違いされるおそれが生ずる。そこで、倒置を起こしたことを明示するために、両者のあいだに倒置の目印として「之」や「是」を差し挟むわけだ。この「之」や「是」は、機械的に挿入されたにすぎず、何か実質的な意味がある語ではない。純然たる文法標識と考えてよいだろう。簡略に図示すれば、この倒置構文は〈図3〉のように形成される。

〈図3〉倒置構文

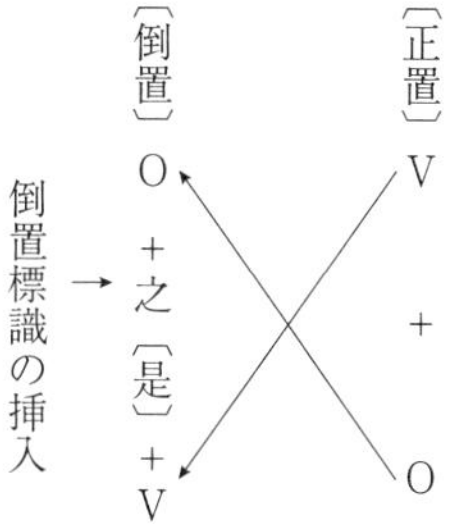

では、これを訓読すると、どうなるか。正置〈V＋O〉は、むろん「OをVす」（V《ス》レO《ヲ》）と読めばよい。それに対して、倒置〈O＋之〔是〕＋V〉は、倒置標識「之〔是〕」を単なる標識であるがゆえに置き字として扱い、発音を無視して訓ずれば、「OをVす」（O《ヲ》之《φ》〔是〕《φ》V《ス》）となる。けれども、これでは正置〈V＋O〉の訓読「OをVす」と同一になってしまい、倒置構文であることが伝わらない。そこで、実際には、倒置標識「之

〈是〉」を、便宜上あたかも代名詞であるかのように「これ」と読み、「Oを之《こ》れ〈是れ〉Vす」（Oヲ之レ〈是レ〉Vス）と訓読するのが定石だ。たとえば、次のような具合である。

・古者、言ヲ之レ不ルハレ出ダサ、恥ヅレバ二躬之不ルヲレ逮バ一也（『論語』里仁）
＝古者《いにしへ》、言《げん》を之《こ》れ出《い》ださざるは、躬《み》の逮《およ》ばざるを恥《は》づればなり。

・小国将ニ二君ヲ是レ望マント一、敢ヘテ不ランヤ二唯ダ命ヲ是レ聴カ一（『左伝』襄公二十八年）
＝小国《せうこく》将《まさ》に君《きみ》を是《こ》れ望《のぞ》まんとす、敢《あ》へて唯《た》だ命《めい》を是《こ》れ聴《き》かざらんや。

それぞれ「不レ出VダサレOヲ言」「望VムレOヲ君／聴VクレOヲ命」を倒置して、「言Oヲ之レ不レ出Vダサ」「君Oヲ是レ望Vム／命Oヲ是レ聴Vク」に作った一文だ。この倒置構文がそのまま漢文訓読体に持ち込まれると、次のような表現になる。

・ただ生計をこれ争ふ（『すゝめ』097-3）
・ただ新をこれ求む（『すゝめ』137-2）

いずれの「これ」も単なる倒置の標識にすぎないため、解釈にさいしてはにべもなく抹消し、「生計を争ふ」「新を求む」と読んでしまえばよい。倒置によって「生計」「新」が強調されていることさえ汲み取っておけば十分だ。なまじ律儀に代名詞「これ」なのだからといって、その指示内容を考えたりするのは時間の浪費である。それぞれ日本語の語感のままに代名詞「これ」が直前の名詞「生計」「新」を受け直して強調しているのだろうと解しても、結果として、倒置がもたらす強調の意味合いと一致するが。

この倒置表現には、些少の揺れが生ずる場合もある。

・ただ利これ貪る（『すゝめ』040–7 f.l.）

・ただ利これ争ふ（『概略』071–7）

訓読上の定石では、ともに「利を」となるはずだが、二例とも助詞「を」が見えない。こうした訓法のぶれには柔軟に対処することが肝要だ。「利を貪る」「利を争ふ」のごとく、自ら助詞「を」を補ってしまえばよいのである。

なお、右の四例の倒置表現すべてに副詞「ただ」が冠せられているが、これは「V《ス》レO《ヲ》」の倒置構文「O《ヲ》是《レ》V《ス》」に、さらに「唯」を加えて「唯《ダ》O《ヲ》是《レ》V《ス》」とし、目的語「O《ヲ》」を強く限定する表現だ。前掲の漢文に「唯《ダ》命《ヲ》是《レ》聴《ク》」と見えるとおりである。もっとも、「ただ」がこの倒置表現にとって必須の語というわけではない。限定の副詞「ただ」を冠するのは、書き手たる福沢諭吉の個人的な癖であった可能性もあるだろう。福沢は、書生時代、『左伝』を得意として十一回も通読し、とりわけ興味をそそられる箇所は暗記していたという（『福翁自伝』「左伝通読十一遍」）。右の「唯《ダ》命《ヲ》是《レ》聴《ク》」（唯《た》だ命《めい》を是《こ》れ聴《き》く）が数例にのぼるのをはじめ、「唯《ダ》力《ヲ》是《レ》視《ル》」（唯《た》だ力《ちから》を是《こ》れ視《み》る／僖公二十四年）・「唯《ダ》敵《ヲ》是《レ》求《ム》」（唯《た》だ敵《てき》を是《こ》れ求《もと》む／宣公十二年）・「唯《ダ》鄰《ヲ》是《レ》卜《ス》」（唯《た》だ鄰《となり》を是《こ》れ卜《ぼく》す／昭公三年）など、『左伝』には倒置表現「唯《ダ》O《ヲ》是《レ》V《ス》」が少なからず現れる。もしかすると、倒置表現に加えられた「ただ」も、福沢が『左伝』から受けた影響の一つだったのかもしれない。ただし、この「ただ」にも字遣いの揺れが生じ得ることは承知しておいたほうがよいだろう。次のような書きぶりも見られるのである。

只《ただ》人力ノミ是《これ》疲ラシ、物力ヲ借《か》ルニ怠《おこた》リシニ因《よ》ルナリ（『実記』197–8 f.l.）

「疲《V》人力《O》」を「人力《O》是疲《V》」と倒置し、「人力」を「ただ〜のみ」で挟みつけて強く限定した表現と考えればよい。「のみ」を用いたためか、「人力」に助詞「を」が見えず、「ただ」も「只」と記してある。ついでに言えば、「疲らし」は口語風の言い回し。ふつうは「疲れしめ」と書くところだろう。こうした倒置表現にも柔軟に対処できるようにしたい。

第二節　使役表現を転用した仮定表現

一　使役形

漢文の使役形は、英語の使役構文と同一の構文を形成する。使役動詞の直後に使役の対象たる名詞Nを記し、さらに使役動作を表す動詞Vを加えればよい。漢文の使役動詞の代表「使」を用いて、英語〈make〉の使役構文と対照しつつ、その標準型を示せば——

使《しム》二N《ヲシテ》V《セ》一　＝Nをして V せしむ　　＊意味＝NにVさせる

make someone do

難しいことは何もない。文語文法で使役の助動詞と言えば「す」「さす」「しむ」の三語だが、漢文訓読で使役に用いるのは原則として「しむ」一語のみ。しかも、「しむ」が尊敬の助動詞として使われることはない。使役は「しむ」

の一本槍、「しむ」は使役の一点張り。これが漢文訓読体に持ち込まれても、そのまま使役表現になるだけである。

・後進の輩《はい》をして高遠の域に至らしむべき路《みち》なし。(『概略』022–3 f.l.)
・外形の文明をして入《い》るに易《やす》からしめんとするの相違あるのみ。(『概略』032–8)

どちらも「NをしてVせしむ」の標準型どおり。後者では動詞Vの位置を形容詞「易《やす》し」が占めているが、文法上の振る舞いに変わりはない。〈make〉が目的語の後方に形容詞を伴って〈The news made us happy.〉(其《そ》の消息 我らをして嬉しからしめたり＝その知らせを聞いて私たちは喜んだ)とも用いられるのと同じ話だ。

左のごとく少し変形が加わった例もある。

・下民《かみん》を愚にして開闢《かいびやく》の初《はじめ》に還《かへ》らしむるを上策《じやうさく》とす。(『概略』052–1 f.l.)
・都《すべ》て規則書の趣意は、利害を裏表《うらおもて》に並べて人に示し、その人の私心を以てこれを撰《えら》ばしむるの策なり。(『概略』184–3)

両例とも「Nをして」を欠いているが、これは文脈から明らかなために省略されたものと考えてよい。前者を「下民をして……還らしむ」と記したのでは、あまりにくどい印象だ。後者も、「……人に示し、人をしてその私心を以て……撰ばしむ」では、やはり少し気の利かぬ印象だろう。あるいは、後者については、「その人の私心を以て」を「その人の私心をして」と読み替えてしまえばよいのかもしれない。この一文の直後に「人の私心をしてその便利と思ふ方へ就《つ》かしむるの趣向」(『概略』184–6)と記されているからだ。

いずれにせよ、誤解のおそれは無きに等しい。単なる使役表現ならば、まずは平穏無事といった景色である。

二　仮定形

ところが、右に見た使役形が仮定形になると、事態は一変する。使役形の訓読が、そのまま仮定形の訓読に転用されるからだ。漢文における仮定形の標準型は、次のとおり。「使」は、使役形では使役動詞〈make〉に相当したが、仮定形においては接続詞〈if〉の役割を担《にな》う。

使《しメバ》二N《ヲシテ》V《セ》一　＝Nをして Vせしめば　＊意味＝NがVするならば
if someone does

構文は平易そのもの、これまた英語の〈if〉節と同一である。使役動詞「使」が仮定の接続詞としても用いられる点に違和感を覚えるかもしれないが、それが漢文における一つの事実である以上、素直に受け容れるしかあるまい。考えてみれば、仮定とは、仮に想定すること、すなわち、未だ現実にならざる事態または既に現実に非ざる事態をして仮に現出せしめることなのだから、脳裡で何らかの事態を使役しているようなものだ。そう考えれば、使役動詞「使」が仮定の接続詞になることも、さして不思議ではないだろう。

問題は、この仮定形の訓読だ。一見してわかるように、仮定の条件節を、あたかも使役形のごとく訓読している。使役形と異なるのは、「Vせしめば」と読んで下文に続いてゆく点のみ。むろん、使役形が常に独立した一文を成すという保証はないので、下文に続くか否かを以て両者を区別するわけにはゆかず、結局「Vせしめば」以外に判別の手がかりはない。英語で使役表現と仮定表現が似通っているという話は寡聞にして知らないが、漢文では、両者とも同一の構文、たとえ訓読しても互いに酷似しているのである。

これがそのまま漢文訓読体に持ち込まれれば、ややこしい場面が生じることは容易に予想できるだろう。「NをしてVせしめば」と書かれているので、てっきり「NにVさせるならば」の意かと思うと、実は「NがVするならば」の意味でしかないのだから。

右は順接仮定形だが、逆接仮定形と称すべきものもある。その標準型は次のとおり。

使《しムトモ》二N《ヲシテ》V《せ》一　＝NをしてVせしむとも　＊意味＝NがVしても

even if someone does

またもや構文はまったく同じ。訓読「Vせしむとも」が逆接であることを示してくれるだけだ。「Vせしむとも」なかりせば、順接仮定形とはもちろんのこと、使役形とも判別が利かない。訓読者によっては、「Vせしむとも」ではなく、「Vせしむるに」「Vせしめんに」などと訓ずる場合もあるが、事の本質に変わりはない。

これまた、そのまま漢文訓読体に持ち込まれると、ただちに厄介な場面が生じ得る。「NをしてVせしむとも」とあるので、つい「NにVさせても」の意かと思いきや、単に「NがVしても」の意味だというのであるから始末が悪い。

要するに、もともと漢文では使役形と仮定形が同一の構文であるため、仮定形が漢文訓読体に現れると、順接にせよ逆接にせよ、訓読と意味とにずれが生じ、使役形との区別が紛らわしい事態に陥る。これが取りも直さず漢文訓読体の難点となるわけだ。

このような紛らわしさをのっけから避ける訓読も不可能ではない。現に次のような読み分けをほどこす訓読者もいる。使役形とは切り離し、仮定形をいかにも仮定形らしく響くように訓じておけば、解釈が訓読に振り回される事態は起こらない。

・順接仮定形　使《も》シ N Vセバ　＝もしN Vせば　＊意味＝NがVするならば

・逆接仮定形　使《たと》ヒ N Vストモ　＝たとひN Vすとも　＊意味＝NがVしても

たしかに、これならば使役形との区別は明瞭になるだろう。とりわけ順接仮定形については、現今「使《も》し」と訓ずる訓読者も少なくない。けれども、旧来どちらの方式が一般的だったのかと言えば、使役形かと見紛う仮定形の読み方のほうが優勢を占めていたのである。福沢諭吉も例外ではない。それは、後掲の例文によって一目瞭然だろう。改めて掲げておけば、左のような紛らわしい訓読こそが伝統的な訓法だ。

・順接仮定形　使《し》メバ二 Nヲシテ Vセ一　＝NをしてVせしめば　＊意味＝NがVするならば

・逆接仮定形　使《し》ムトモ二 Nヲシテ Vセ一　＝NをしてVせしむとも　＊意味＝NがVしても

ただし、右はあくまで標準的な訓読方式にすぎず、福沢諭吉がこれをそっくりそのまま用いていたかどうかは、また別の話だ。実際、福沢は、かつて漢文の勉学に励んだときに習い覚えた訓法をそのまま用いたためか、または単なる個人的な習慣か、あるいは読者の理解に便ならんと工夫を加えたつもりか、『文明論之概略』を見るかぎり、順接仮定形・逆接仮定形のいずれについても、標準型とは少し違う書き方をしている。

順接仮定形は、「Vせしめば」とせず、「Vせしめなば」と記すのが福沢の通例である。文法上、「しめば」は〈使役の助動詞「しむ」未然形「しめ」＋接続助詞「ば」〉であるが、「しめなば」は〈使役の助動詞「しむ」連用形「しめ」＋完了の助動詞「ぬ」未然形「な」＋接続助詞「ば」〉という構成だ。

逆接仮定形は、「Vせしむとも」とせず、「Vせしむるも」と書くのが福沢の常例である。文法上、「しむとも」は〈使役の助動詞「しむ」終止形＋接続助詞「とも」〉であるが、「しむるも」は〈使役の助動詞「しむ」連体形「しむる」＋接続助詞「も」〉という構成だ。この〈終止形＋接続助詞「とも」〉を〈連体形＋接続助詞「も」〉で代用する言い回しは、明治三十八年（一九〇五）十二月二日「官報」所載の文部省告示「文法上許容スベキ事項」第十五項（↓付録）で許容されることになる。明治初期、すでに福沢が〈連体形＋接続助詞「も」〉を用いていた事実は、文語文法の変遷の一齣《ひとこま》として記憶に値するかもしれない。

以下、些少の分類をほどこしつつ、仮定形に関わる訓読表現を観察してゆこう。便宜上、例文には通し番号を付けておく。要は、あたかも使役形のような響きに惑わされることなく、はっきり仮定形の訓読表現として語感を把握すべき点にある。

(1) 順接仮定形

まずは順接仮定形である。福沢が「しめなば」と記すのは右に述べたとおりだが、その仮定節の冒頭の書きぶりによって、さらに四種に分かつことができる。アは、仮定を表す語を特に用いない書き方。その他にはいずれも仮定を表す語が加えられており、イは「もし」、ウは「仮に」、エは「あるいは」を冠する書き方である。

ア「φ〜しめなば」 これは、いわば剥《む》き出しの仮定形である。この書き方は、さほど例が多くない。

1愚人に権力を附して、これをして信ずる所あらしめなば（『概略』160‒6）

使役形のような言い回しに引きずられることなく、あっさり仮定形と捉え、「愚かな人物が権力を握り、なまじ信念など持ったりすると」と解釈すればよい。

「信ずる所」は、漢文に頻出する「所レV《スル》」（Vする所《ところ》）の訓読表現で、「所」は動詞Vの動作の対象を表す。英語で言えば、関係代名詞〈what〉が不定詞を従えた〈what to do〉のごとき表現だ。もし解釈に紛れが生ずるおそれを感じるときは、いったん「所」を機械的に「対象」と置き換えてみればよい。この例では「信ずる対象」となる。「信じる対象がある」→「信念を持つ」のような咀嚼《そしやく》の操作を経て、適切な解釈にたどりつけるだろう。

イ　「もし〜しめなば」　「もし」を冠した仮定形は、用例に事欠かない。二つだけ取り上げておく。

2もしこの輩をしてその両眼を開かしめ、片眼以《もっ》て他の所長《しょちょう》を察し、片眼以《もっ》てその所短《しょたん》を見せしめなば（『概略』020‒7 f.l.）

使役の助動詞「しむ」が二回にわたって現れているが、これは見かけ上の使役が前半「開く」と後半「察す／見る」の両者に及ぶからである。英語ならば〈make someone /do^1/ and /do^2 and do^3/〉のごとき構文と見なせばよい。むろん、読み手としては、見かけ上の使役にかかずらうことなく、やはり仮定形と捉え、「もし双方（田舎の百姓と都会の市民）が、もともと備わっている両目をきちんと開き、一つの目で相手の長所を見すえ、もう一つの目で相手の短所を見すえたならば」の意に理解する必要がある。

「片眼以て」が少し気になるかもしれないが、これは「片眼を以て」に同じ。もと「以《テ》レN《ヲ》」（Nを以《もっ》て）すなわち

「以テ二片眼ヲ一」（片眼を以て）が、二つの「片眼」を対比して強調すべく「以」の前に「片眼」を引き出した結果、倒置形「N以て」（N以《もっ》て）つまり「片眼以て」となったものである。「片眼」は、漢語に例がなく、日本語「かため」を漢字で表記した和製漢語のようだが。

「所長」と「所短」は、1で説明した「所レV《スル》」（Vする所《ところ》）すなわち「所レ長《ズル》」（長ずる所《ところ》）および「所レ短《クル》」（短《か》くる所《ところ》）の意。要するに、美点と欠点の意であるから、結果として、両者の意味は、それぞれ語順の転倒した「長所」「短所」と一致する。

なお、「見せしむ」は、文語文法の標準に則れば「見しむ」となるところ。前《さき》に言及した「得せしむ」（→92頁）と同じく、要らざる「せ」が紛れ込んだ言い回しだ。もしかすると、これは名詞「見せしめ」が干渉を引き起こした結果なのかもしれない。

3もし人の智徳をして酒精の如きものならしめなば（『概略』102-1）

これも仮定形「もし智徳がアルコールのようなものだとしたら」の意である。文字どおり使役に解釈しようとすると、「もし智徳をアルコールのようなものにならせたら」のごとき何やら意味の通じない訳文になってしまう。

「智徳」は、福沢が後文で自ら説明している（『概略』119-6）ように、並列構造「智＋徳」（智と徳）で、智恵《インテレクト》と徳義《モラル》を指す。語義について書き手による解説がある場合は、それに従うのが当然だ。うっかり、修飾構造「智→徳」（智のもたらす徳）や同格構造「智＝徳」（智という徳）に解釈しないよう注意したい。

「酒精」は、アルコール。現代中国語でも用いる単語で、酒の商品標示を見ると、たとえば「酒精度：14・0％」のごとくアルコールの含有量が記されている。

次のように、「もし」の上に「今」を冠した例もある。

4今もし耶蘇《ヤソ》の教師をして、無学無術なること、我《わが》山寺の坊主の如くならしめなば（『概略』150–8）

「今」は、漢文において、仮定を示す語としても頻用される。この例文の「今」も、「現在」の意味合いは薄く、仮定「もし」を強める語と理解しておけば十分だろう。「もしもキリスト教の宣教師たちが、何の学識も技能もなく、まるで我が日本の寺院に巣くう仏僧どものような人物だったとすれば」の意。

なお、左に掲げる三例は、「をして」こそ見えないが、やはり仮定形と解釈せねばならぬ用例である。

5もしかくの如くならしめなば（『概略』023–7）
＝もしそのようであったとしたならば

6もしその後に開港の事なからしめなば（『概略』106–5）
＝もし、その後、外国に対する開港という一大事件が起こらなかったならば

7もしこの時代にこの教《をしへ》なからしめなば（『概略』193–7 f.l.）
＝もし今という時代にキリスト教がなかったならば

いずれにせよ、用例の豊富さから見て、この「もし〜しめなば」が、福沢の最も好んで用いた仮定表現であることに間違いはなかろう。

ウ　「仮に〜しめなば」　「仮に」を冠した仮定形は、それほど用例が多くない。

8仮《かり》に孔孟をして今日にあらしめなば（『概略』066-7 f.l.）

「孔孟」は、孔子と孟子。「孔孟の学」と言えば、儒学を指す。「もし孔子・孟子が現代に姿を現したならば」の意である。

次の例は「仮に」に「今」が付いているが、同類の仮定表現と見なせるだろう。この「今」は、4の「今」と同じように、やはり「現在」の意味が薄く、「仮に」と合わせて仮定の語と理解しておけばよい。文字どおり「現在」と解釈しても、誤りというわけではないが。

9仮《かり》に今、徳教のみを以て文明の大本《たいほん》と為《な》し、世界中の人民をして悉皆《しっかい》耶蘇《ヤソ》の聖経を読ましめ、これを読むの外《ほか》に事業なからしめなば（『概略』143-6）

「〜を以て…と為す」は、漢文で常用される「以テレAヲ為スレBト」（Aを以《もつ》てBと為《な》す）をそのまま用いた訓読表現で、「〜を…と考える」意。末尾の「しめなば」から見て、上方の「読ましめ」の「しめ」も「しめなば」の意味であろう。「しめなば」の重複を避けて「しめ」と記したにすぎまい。すなわち、「読ましめ」を文字どおり使役に解する必要はなく、「読む」も単なる仮定に基づく動作である。「もし道徳だけを文明の根本と考え、世界中の人々がこぞってキリスト教の聖書を読みふけり、それ以外に何も仕事をしなかったならば」の意に解釈すればよい。

左掲の例には「〜をして」が見えないが、やはり仮定表現に解すべき例である。

10仮《かり》に西洋諸国に於《おい》てこの類の事件あらしめなば（『概略』117–4 f.l.）
＝もし西洋諸国でこのような事件が起こったならば

エ「あるいは〜しめなば」「あるいは」を冠した仮定形も数は少ない。左に一例だけ挙げておく。末尾の「得せしむ」は、2の「見せしむ」に同じく、文語文法の標準から外《はず》れた言い回し。

11あるいはこの勤王の輩《はい》をして果してその意を得せしめなば（『概略』093–1）
＝もしこの勤王を標榜する者たちがもくろみどおり政権の打倒に成功したならば

（2）逆接仮定形

逆接仮定形には「たとひ」を冠するのが福沢の書き癖であったようだが、そもそも用例が少ない。13で「たとひ」に「あるいは」が加わっているのは、右に見た順接仮定形のエ「あるいは〜しめなば」と似たような語感ゆえだろう。

12たとひ天皇をして聖明ならしむるも（『概略』095–6 f.l.）
＝たとえ後醍醐天皇が文字どおりの明君であったとしても
13たとひあるいはその文明をして頗《すこぶ》る高尚のものならしむるも（『概略』292–4）
＝たとえもし近年の日本の文明がどれほど高度なものであったとしても

順接仮定形の場合と同じく、どれほど使役表現らしく見えようとも、本来の語感は純然たる仮定表現である。ゆめゆめ使役表現だと誤解してはなるまい。

（3）仮定か使役か（存疑）

使役表現がそのまま転用された仮定表現について、順接仮定形と逆接仮定形とを観察した。それぞれいかにも使役表現のように見えながら、実は仮定表現であることが理解してもらえたことと思う。

しかし、ここまで読み進めてきても、一点だけ、どうにもすっきりしない疑問が残っているのではなかろうか。取り敢えず使役表現と仮定表現を区別するとはいうものの、両者が組み合わさった場合、つまり「もしNにVさせるならば」の意味のとき、福沢諭吉はどのように記していたのか、と。実のところ、漢文それ自体には両者を兼ねる特別な構文が存在せず、相変わらず「使《メバ》二N《ヲシテ》V《セ》一」（NをしてVせしめば）となるだけだ。すなわち〈「使NV」=使役表現and/or 仮定表現〉こそが漢文の実情なのである。

ここで登場するのが、順接仮定形「しめなば」とも逆接仮定形「しむるも」とも異なる末尾「しむることあらば」「しむることあるも」を持つ仮定表現だ。前者は「しめなば」に対応する順接仮定形、後者は「しむるも」に対応する逆接仮定形である。

ア「〜しむることあらば」　まず順接仮定形「〜しむることあらば」の用例を見てみよう。

14 仮《かり》に古《いにしへ》の聖人をして今日にあらしめ、今の経済商売の説を聞かしめ、あるいは今の蒸気船に乗せて大洋の波濤《はたう》を渡り、電信を以て万里の新聞を瞬間に聞かしむる等のことあらば（『概略』133-8）

冒頭に「仮に」が冠せられ、末尾も「〜しむる等のことあらば」となってはいるが、一般形で記せば、「〜しむることあらば」となるだろう。

もし純然たる順接仮定表現であれば、すでに見たように、福沢は末尾を「〜しめなば」と記すのがふつうである。それに則れば、右の例も「聞くこと等あらしめなば」と結ぶはずで、実際、「もし地下の先人をして知ることあらしめなば」（『概略』071‒3）・「もしこの人をして卓見を抱かしめ……人類の本分を説《とき》て万代に差支《さしつかへ》なき教《をしへ》を定《さだむ》ることあらしめなば」（『概略』090‒2 f.l.）のごとく、「〜ことあらしめなば」で結ばれている例がある。となれば、それとは異なる末尾「〜しむることあらば」を持つ右の例は、純然たる仮定表現ではなく、使役の意味が保存されている可能性が高いのではあるまいか。つまり、仮定表現の枠組みのなかに使役表現が埋め込まれた言い回しかと思うのだが、果たしてどうだろうか。

もちろん、この14を純粋な仮定表現と解し、「もし往時の聖人が現在に復活して、今日の経済商売の論を聞き、あるいは現代の汽船に乗って大海の荒波を越え、電信で外国のニュースを瞬時に聞くなどしたならば」と訳しても、意味は十分に通じる。しかし、ことさら使役の語感が残っているのではないかと考えるのは、次のような例も見えるからだ。

15仮《かり》に今、世界中に散在せる英人と、数百年来英国より出《いで》たる者の子孫とを集めて、その本国たる今の大不列顛《ブリテン》及びアイルランドの地に帰らしめ、現在の英人三千余万の人民と、同処に住居せしむることあらば（『概略』279‒7）

やはり末尾は「〜しむることあらば」。「〜をして」が見えず、他動詞「集め」が用いられていることからも、純然たる仮定の意味に解するのは少々無理な気がする。つまり、これは使役表現が仮定表現に組み合わさった例で、「……帰らせて……居住させる」のように、「しむ」をそのまま使役の意に受け取ってよいのではなかろうか。そうだとすれば、ひるがえって、同じく「〜しむることあらば」と結ばれている14も、仮定表現の枠組みに使役表現が埋め込まれた例かと考えたくなるのである。

ただし、この「〜しむることあらば」に似たような変種もあるので、注意しておきたい。それは、一般形で記せば「〜することあらば」と結ばれる表現である。

16もしこの輩の人をして（期《き》し難《がた》きことなりといへども）大《おほい》に学ぶことあらしめ、文学技芸を以てその教《をしへ》を装《よそほ》ひ、
文明の人の耳を借《かり》てこれを説くことあらば（『概略』151–3 f.l.）

この例文は、純然たる仮定形と見なせば、仮定節内で「この輩の人」が一貫した主語となり、すんなり文意が通じる。つまり「もしこうした神職・僧侶・儒者の人々が（ほとんど期待できないにせよ）懸命に勉強し、現代風の学識や技能でそれぞれの教理に新たな装いを与え、同じく現代風の智恵を持つ人々に対して説法することになれば」と解釈するわけだ。実際、挿入句「期し難きことなりといへども」がある以上、使役の意味には解しづらいだろう。「ほとんど期待できない」と言いつつ「〜させる」のでは、いささか矛盾するからである。もっとも、それなら、なぜ末尾を「これを説くことあらしめなば」とでも記さなかったのか、よくわからない。このように記されていれば、前掲の「もし〜しめなば」と同じになるので、戸惑わずにすむのだが。

17今、仮《かり》に国内の百姓《ひやくしやう》町人をして、智力あらしめ、そのかつて有権者のために窘《くるし》められて骨髄《こつずい》に徹したる憤怒《ふんぬ》の
趣《おもむき》を語らしめ、その時の細密《さいみつ》なる事情を聞くことあらば（『概略』284–8 f.l.）

この例を純粋な仮定形と解釈すると、「国内の百姓町人」は二つの「しめ」までの主語にとどまり、「その時の」以下に見える「聞く」の主語とは別物となる。つまり、仮定節内に二つの主語が存在することになるわけだ。むろん、それでも意味は通じる。「もしも国内の百姓や町人たちが、智力を備え……激怒した理由を語り、そのさいの詳しい事情を当事者たる彼ら自身の口から聞けるならば」で十分と言えば十分だ。しかし、もし使役の意味が活きていると考えれば、仮定節内の主語（省略されてはいるが）は一貫し、「もしも国内の百姓や町人たちに、智力を備えさせ……激怒した理由を語らせて、そのさいの詳しい事情を当事者たる彼ら自身の口から聞けるならば」となって、さらに意味が通じやすい印象である。私見では、後者の解釈すなわち使役形の意味合いがそのまま保存されているとの解釈を採りたいのだが、前者の解釈つまり純然たる仮定形だとの解釈を排斥できる積極的な根拠に乏しい。

結局、右の「〜することあらば」について、統一された確たる判断を下すことはできない。内容によって、使役形が完全に仮定形に転用されている場合もあれば、使役の意味合いがそのまま活きている場合もあるらしい、というのが暫定的かつ曖昧なる私見である。

イ 「〜しむることあるも」 逆接仮定形「〜しむることあるも」は用例が甚だ少ない。

18仮《かり》に今日にありて弘法大師《こうぼふだいし》を再生せしめ、その古人を蠱惑《こわく》せし所の不可思議を唱へしむることあるも（『概略』159–5）

標準型ならば「弘法大師をして」となるところ。直前に「ありて」と記したため、「て」が重複するのを嫌い、「して」を省いたものか。意味は、前出の「〜しむるも」に同じと見なし、単なる仮定表現と理解してもよい。しかし、そうだとすれば、なぜ末尾を「〜しむるも」とせず、「〜しむることあるも」としたのだろうか。按ずるに、やはり福沢は、「〜しむることあるも」と書くことによって、使役の意味を残そうとしたのではあるまいか。つまり、「〜しむることあらば」の場合と同じく、仮定表現の枠組みに使役表現を埋め込み、「もし現代に弘法大師を再び誕生させ、往時の人々を魅了した不思議な教理をそのまま唱えさせたとしても」という語感のつもりだったのではなかろうか。ただし、これについても決め手を欠くことは否めない。

右の例文14〜18は、それぞれ語感の把握に疑を存するものである。果たして、単なる仮定か、それとも仮定と使役との組み合わせか。暫く当面の私見を記し、さらなる研究のための参考資料としておきたい。

以上、福沢諭吉『文明論之概略』を素材として、使役形が転用された仮定形について検討を加えた。簡略に整理しておけば、次のようになろう。数字は、各例文に付した通し番号である。

（1）順接仮定形「〜しめなば」

ア「φ〜しめなば」　1

イ「もし〜しめなば」　2・3・5・6・7

「今もし〜しめなば」　4

ウ「仮に〜しめなば」　8・10

「仮に今〜しめなば」　9

エ「あるいは〜しめなば」　11

（2）逆接仮定形「〜しむるも」

「たとひ〜しむるも」　12・13

（3）仮定か使役か（存疑）

ア「〜しむることあらば」14・15
　「〜することあらば」16・17
イ「〜しむることあるも」18

基本は、いかにも使役表現らしい言い回しに引きずられることなく、あくまで仮定表現として語感を把握する点にある。ただし、場合によっては、仮定表現に使役表現が組み合わさっているかと思われることもあり、最終的には文脈によって判断するしかなく、また、どれほど文脈を吟味しても、なかなか判断しづらい場面が残ってしまう。

いずれにせよ、訓読表現の一筋縄ではすまぬ性質だけは理解してもらえたことだろう。標準型だけでも手を焼くうえに、個人の書き癖や言い回しまで絡んでくると、すっきり捌《さば》き切れない場面が少なからず生じてくるのである。

補説1　学習の指針――辞典などの紹介を兼ねて

実際に漢文訓読体を閲読するには、相応の準備が必要だ。然るべき辞典の類を承知しておかねばならず、閲読に資するための練習もある。各自の工夫しだいとはいえ、些少の指針があれば、第一歩を踏み出すのに便利だろう。甚だ粗略ながら、学習を進めるさいの参考としてもらえれば幸いである。

一　辞典・参考書

(1) 漢　語

多種多様の漢語が駆使される漢文訓読体を閲読するとき、使用する辞典に求められるのは、何を措《お》いても語彙数だ。そのためには、次の三種の辞典が必要である。

①『大漢和辞典』(大修館書店、一九六〇年)　本文一二巻＋一字索引一巻＋語彙索引一巻＋補巻一巻＝全一五巻。著者たる諸橋轍次《もろはしてつじ》の名を取って、通称「諸橋《もろはし》大漢和」または単に「諸橋《もろはし》」。豊富な語彙数を誇る日本最大の漢和辞典であるが、多数の語彙が字音仮名遣い(漢字音の歴史的仮名遣い)に従って排列されているため、親字から目的の漢語を検索するのは不便、必ず語彙索引を利用してほしい。ただし、用例には返り点を付けるのみで、送り仮名はなく、返り点についても連読符号《ハイフン》が省略されているので、例文そのものは読みづらい。

②『漢語大詞典』(中国・漢語大詞典出版社、一九九四年、上海)　本文一二巻＋〔附録〕索引＝全一三巻／〔新装版〕本

〈図4〉大型辞典三種――語彙収録範囲関係図

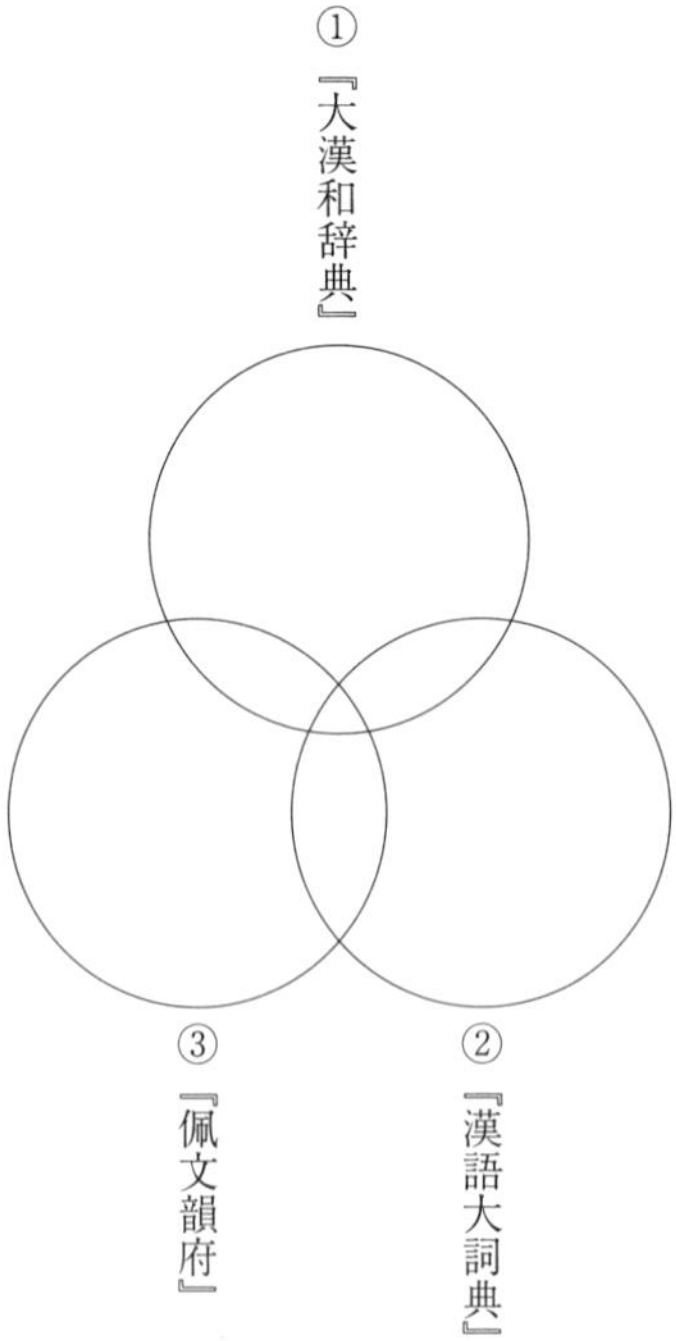

文一二巻（二一冊）＋『漢語大詞典訂補』＋〔附録〕索引＝全二三冊（中国・上海辞書出版社、二〇一〇年、上海）。現在、最大の規模を持つ漢語の辞典である。各語に古代から近代までの用例が付され、例文に添えられた出典の注記も詳しい。種々の角度から検索できる至便の索引として『多功能漢語大詞典索引』（中国・漢語大詞典出版社、一九九七年、上海）があり、また『漢語大詞典詞目音序索引』（同、二〇〇三年、上海）もある。ただし、釈義その他の説明は現代中国語、字体も簡体字、しかも現代中国語の発音による検索が利かないと多大な不便が生ずるため、中国語を学んでいなければ、十全な活用は難しい。

③『佩文韻府《はいぶんいんぷ》』（中国〔清〕張玉書ほか奉勅撰、一七二〇年）正文一〇六巻＋拾遺一〇六巻。現在、多くは本文三冊＋索引＝全四冊に装丁されている。もと韻書（韻字に基づいて語彙を分類した作詩用の辞典）のため、目的の漢語が甚だ検索しづらい。いざ見つかっても、例文を簡略に載せるだけで、語義の説明はなく、出典の注記も不親切である。当面は、目的とする漢語の存在を確認するために使うしかないだろう。

新旧に照らして、最も旧い③を①が包摂し、さらに①を最も新しい②が完全に包み込んでいてくれれば話は容易なのだが、事実は然《しか》らず。具体的な例証は省くが、この三辞典が収録する語彙の範囲を示せば〈図4〉のようになる。いずれか一つ、または二つを調べただけで、漢語として存在しないの、書き手の造語らしいのと言挙げすることはできない。

一語だけ例を挙げれば、前掲の例文（↓58頁）に見える「済理」である。この語については発音の問題でも取り上げたが（↓75頁）、実のところ「済理」を載せるのは②のみで、①にも③にも見えない。また、実際に②の釈義を見ると、「犹済《猶済》治。协《協》助治理」のように、現代中国語の簡体字で説明が記されている。取り敢えずは、③と同じく、漢語として存在することを確認するのに用いるだけとしても、近い将来には中国語の習得を試み、いずれ②が記す説明をも参考にしてほしい。

右に加えて、次の辞典も大いに役立つ。

④諸橋轍次ほか『広漢和辞典』（大修館書店、一九八二年）本文三巻＋索引＝全四巻。①の縮約版としての性格を持つ。語彙数こそ①に劣るが、すべての例文に返り点・送り仮名が加えてあり、連読符号《ハイフン》も付いている。訓読の学習も兼ねて語義を調べるには最も便利な辞典に違いない。

ただし、こうした大型辞典を使いこなすには、なるべく早い時点で「四角号碼《しかくごうま》索引」の使用法を習得しておかねばならぬ。見知らぬ漢字は、音も訓もわからず、往々にして筆画が複雑で、部首の見当さえつかないものもある。場合によっては、活字の中央部分が真っ黒につぶれて、判読に難渋することもあるに違いない。そのようなとき、漢字の「四角《よすみ》」の筆形をそれぞれ「号碼《ナンバー》」すなわち数字番号（0〜9）に変換し、あらゆる漢字を四桁の数字に置き換えて排列する四角号碼索引は、想像以上に多大な威力を発揮する。とりわけ③の検索には、当該索引の活用が必須だ。〈図5〉に一例を挙げておく。

四角号碼索引については、④の索引巻に収められた当該索引の「四角号碼索引解説」で学ぶのが便利だろう。どの

〈図5〉四角号碼索引——漢字の数字番号化

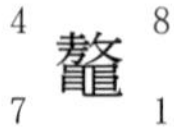

i 漢字の四角《よすみ》の筆形に、それぞれ定められた数字番号を割り当てる。
・左上…二つの筆画が交わっているので「4」。
・右上…「八」の字の変形と見なせるので「8」。
・左下…角《かど》になっているので「7」。
・右下…横線なので「1」。
ii 四つの数字番号を左上→右上→左下→右下の順序（Zの字形順）で並べて四桁の数字とし（ここでは〈4871〉）、当該漢字の番号とする。

ような筆形にどの数字番号を当てるかを記憶するのに一《ひと》苦労するかと思いきや、その気になって学びさえすれば、わずか数時間で大まかな要領は呑《の》み込める。あとは少しずつ慣れてゆくのみ。もし一日でも早く習熟したければ、白川静『字通』（平凡社、一九九六年）を使って練習するのが早道だ。『字通』は、「四角号碼索引」を収めるばかりでなく、見出しの親字すべてに四角号碼が付いている。四角号碼の習得にとって、これほど便利な漢和辞典はあるまい。

小型の漢和辞典も、収録語彙こそ少ないものの、使い方しだいで何かと役に立つ。たとえば、小川環樹ほか『新字源』（角川書店、〔改訂版〕一九九四年）の付録には、訓読表現の理解に有用な「助字解説」「同訓異義」などが収められている。

（2）訓読表現

言うまでもなく、漢文関係の参考書は、漢文の表現そのものを主体として、訓読の方法その他に関する解説がほどこされている。しかし、漢文訓読体を閲読する我々の立場からすれば、訓読の結果として現れた訓読表現から溯って、もとの漢文の表現を探し求め、正しい意味を確認するためにこそ参考書が必要なわけだ。そのためには、索引の充実した参考書でなければ役に立たない。取り敢えず次の二書を薦めておく。

①多久弘一・瀬戸口武夫『漢文解釈辞典』〔新版〕国書刊行会、一九九八年）至便の参考書。この辞典さえ使いこなせば、特に句形がらみの訓読表現については、ほとんどすべて解決が可能である。訓読表現の検索という点から見れば、索引は決して十全ではないが、気づくたびに必要事項を書き込み、自ら充実させてゆけばよい。

②天野成之『漢文基本語辞典』（大修館書店、一九九七年）内容こそ少数の基本語に限られるものの、説明が懇切丁寧で、文語文法についても配慮が行き届いている。

なお、今日では絶版のため入手しづらいが、古書店その他で目にした場合は、左の一書も購入しておくことを勧めたい。

③乾一夫『漢文入門』（有精堂、一九八八年）体裁が見やすく、使い勝手の良い参考書。必要に応じて有益な注意が記されている点でも親切である。

右のほかにも優れた参考書は多いが、書名に「入門」「基礎」などとあっても、思いのほか内容が高度で、漢文に不慣れな向きには荷が重すぎる書物も少なくない。当面、我々が必要とするのは、漢文の表現そのものに関する詳細な説明ではなく、訓読表現の解釈に資する知識であり、その注意点である。ぜひ大型書店に赴き、多数の漢文関係参考書のなかから、自身に適した書籍を見つけてほしい。そのさいは、索引の充実が必須条件である点を失念しないことが大切だ。いかに内容が優れていても、索引が付いていない参考書は論外である。

（3）和製漢語・和語

たいていの和製漢語は、現在、国語辞典として最大の規模を誇る『日本国語大辞典』〈小学館、〔第二版〕二〇〇二年〉本文一三巻＋別巻＝全一四巻で調べられる。

経験上、和語そのものに悩まされる可能性は低く、文語の動詞や助動詞の活用などについて疑問が生じたとき、すぐ活用表などで確認できれば、差し当たりの用は足りるだろう。久保田淳・室伏信助〔編〕『全訳古語辞典』〈角川書店、二〇〇二年〉の類が手もとにあればよい。

（4）当て字・外国語

当て字は、読みの見当さえつけば、大半は国語辞典や漢和辞典で解決できるが、皆目わからぬときは、難読語の辞典に当たるしかない。手軽には『広辞苑』〈岩波書店〉の付録「漢字・難読語一覧」でも調べられるが、それでも不足する場合は、『音訓引き難読語辞典』〈日外アソシエーツ、一九九三年〉・『難読語辞典』〈三省堂、二〇〇九年〉・『読んで楽しむ当て字・難読語の辞典』〈東京堂出版、二〇一一年〉などのほか、『日本難訓難語大辞典』〈遊子館、二〇一三年〉のような大型の辞典もある。

ただし、漢字で表記された外国語については、固有名詞にせよ普通名詞にせよ、見当が外れたり、まったく見当がつかないことも多いため、ただちに『宛字外来語辞典』〈柏書房、〔新装版〕一九九七年〉のような専用の辞典を用いるほうが効率的だ。片仮名で記された外国語は、せいぜい『コンサイスカタカナ辞典』〈三省堂、一九九四年〉などで見当をつけ、該当する外国語の辞書で確認するしかなかろう。

（5）異体字・国字

大型の漢和辞典を調べれば、大部分の異体字に対応できる。もっとも、出くわすたびに大型の漢和辞典を引くのでは能率が悪いため、まずは『異体字解読字典』(柏書房、一九八七年)などで当たりをつけ、必要の度合いに応じ、大型の漢和辞典で確認するのが得策だろう。

国字についても、たいていは大型の漢和辞典で対処できる。けれども、異体字に比べると、国字に対しては総じて冷淡な姿勢を示す漢和辞典が少なくない。したがって、どうやら国字らしいと見当がついた場合は、かえって飛田良文［監修］・菅原義三［編］『国字の字典』(東京堂出版、一九九〇年)などを用いるほうが早いこともある。右の二書は、いずれも小型ながら、収録字数が多く、甚だ便利な字典だ。もし不足が生じたときは、『日本難字異体字大字典』(遊子館、二〇一二年)のような大型の字典で調べるしかない。

(6) 歴史的仮名遣い・字音仮名遣い

歴史的仮名遣いについて心配するには及ばない。『広辞苑』を引けば、各語に歴史的仮名遣いが付記されている。不安が残るときは、古語辞典で確認すればよい。歴史的仮名遣いに関する理解を深めたければ、取り敢えず築島裕『歴史的仮名遣い』(《中公新書》、一九八六年)を一読するのが早道だろう。

字音仮名遣いも、手軽には『広辞苑』などで、詳しくは漢和辞典で簡便に調べがつく。現代仮名遣いでは同じく「チョウ」でも、字音仮名遣いは「チヤウ／チョウ／テウ／テフ」と分かれてしまい、中国語(特に南方方言)の発音との対応関係を知らないかぎり、正しい仮名遣いを選び取るための手がかりは何もない。字音仮名遣いが必要になった場合は、怠りなく辞典で調べることだ。

二 準備練習

(1) 漢字片仮名交じり文

漢文訓読体の漢字片仮名交じり文に多大な視覚的抵抗を覚える向きには、まず谷崎潤一郎『鍵《かぎ》』(一九五六年)の一読を勧めたい。『鍵』は、夫婦それぞれの日記から成る小説で、夫の日記が口語体の漢字片仮名交じり文で綴られている。初めこそ少し読みづらいかもしれないが、読み進めてゆくうちに、『鍵』そのものの面白さも相俟《あいま》って、漢字片仮名交じり文に対する視覚的耐性が養われてくるはずだ。いきなり漢文訓読体に取り組んでも、字面《じづら》に嫌気《いやけ》が差しつつの読書では、能率の上がらぬこと甚だしい。『鍵』を読んでから改めて漢文訓読体に目を移せば、漢字片仮名交じり文という表記に対する視覚的抵抗がかなり薄らいでいるのを実感することだろう。

(2) 訓読口調

漢文訓読の口調に耳を馴染ませるためには、『論語』の音読が最善の方法である。どこぞで耳にしたような覚えのある名言・名句だけの拾い読みでも差し支えない。自らの音読を通じて、訓読の響きを聴覚に刻み込むことが大切だ。すでに述べたとおり(↓55頁)『論語』の字句は、取り立てて出典を示さずに引用されることが多いため、即座に『論語』だと反応できないと、解釈のうえでも多大な不便を来たす。『論語』の音読は、訓読口調に慣れると同時に、暗黙のうちに『論語』を踏まえた字句にも即応すべく、文字どおり一挙両得の方策なのである。決して黙読にとどめてはなるまい。漢文訓読体に臨むための準備としては、江戸時代の訓読を伝えることに主眼を置く金谷治[訳注]『論語』(岩波書店《岩波文庫》、一九六三年)の書き下し文が好都合だが、他の研究者の手に成る書き下し文でも特に大きな不便は生じない。

『論語』の内容がどうにも古臭く感じられて気乗りがしないという向きには、一転して文語訳『聖書』の音読を勧める。文語訳とはいえ、その実体は漢文訓読体だからだ。《旧約》の〈モーセの十戒〉（『出エジプト記』第二〇章）や《新約》の〈山上の垂訓〉（『マタイ福音書』第五〜七章）など、やはり有名な部分の拾い読みだけでも十分、ぜひ音読を試みてほしいと思う。念のために注意しておけば、訓読口調の学習にとって、一般に流布している口語訳『聖書』（新共同訳など）は何の役にも立たない。『創世記』や『出エジプト記』が実は漢文の統語構造《シンタックス》に則った書名であることに気づき、「世《よ》を創《つく》るの記《き》」（創《ルノ》レ世《ヲ》記）・「エジプトを出《い》づるの記《き》」（出《ヅルノ》ニエジプト《ヲ》一記）などと訓読してみれば、些少の練習にならぬこともないが。

（3）復文技術

本書は、《原文不在原理》を掲げながらも、たびたび原文たる漢文を想定した説明を試みてきた。枉《ま》がりなりにも原文が想定できれば、その漢文訓読体の一文がどのような意味になるのか、解釈にさいして大きな助けになるうえ、複数の解釈が成り立つ可能性（↓20・119頁）を見抜くにも、少なからぬ威力を発揮する。逆に言えば、原文を想定できないと、解釈上の落とし穴に気づかぬまま、暢気《のんき》に読み過ごしてしまう危険にさらされるわけだ。

原文を想定するには、書き下し文から原文を復元するための復文《ふくぶん》（復《ス》レ文《ヲ》＝文《ぶん》を復《ふく》す）と呼ばれる技術が欠かせない。復文の技術を習得できれば、そのまま漢文訓読体に広く応用できるのである。

復文については、**古田島洋介・湯城吉信『漢文訓読入門』**（明治書院、二〇一一年）第二六〜三〇講に要領の解説と練習問題がある。これによって基礎事項が呑《の》み込めたならば、最良の復文練習書として、前掲の白川静『字通』を薦めたい。『字通』は、他の漢和辞典と異なり、すべての例文を書き下し文のみで掲げる。漢和辞典でありながら原文を添えていない点については議論の余地があるだろうが、復文練習には打ってつけの体裁だ。復文作業を通じて、例文の書き下し文から原文の復元を試み、正しく復文できたか否かは、例文に冠せられた出典を調べて確認する――この練習を数題も行えば、復文技術と出典調査の二つを同時に学ぶことができ、実力倍増は請《う》け合いである。

以上の準備を終え、いよいよ漢文訓読体そのものに挑戦する向きには、陸奥宗光『蹇蹇録《けんけんろく》』〈中塚明［校注］、岩波書店《岩波文庫》、〔新訂・解説改稿版〕二〇〇八年〉を薦めたい。副題「日清戦争外交秘録」が示すように、きわめて興味深い内容のうえ、重要な訓読表現が次々に立ち現れるので、学習用としても非常に有益だ。たとえば、前述した「〜も啻《ただ》ならず」（→106頁）も、「真《まこと》にこれ禍福倚伏《いふく》、塞翁《さいおう》の馬も啻《ただ》ならずというべし」（『蹇蹇録』174–5 f.l.）のごとく登場する。新字体・現代仮名遣いに改められた校訂本のため、旧字体・歴史的仮名遣いに慣れるには不適だが、漢文訓読体の門を敲《たた》くにふさわしい一書であることは間違いない。

補説2　校訂本について

漢文訓読体の校訂本が読み手にとって甚だ貴重であることは、わざわざ言うまでもないだろう。活字に起こしてもらえただけでも有り難いのに、さらに句読点や読み仮名を加え、場合によっては、注を通じて各種の参考資料まで提供してくれるのだから、至れり尽くせりの贅沢だ。本書も、凡例に示したとおり、ここまでは校訂本を使って各種の事象を説明してきている。読みやすいという点では、まさに百人力の助《すけ》っ人《と》と称してよい。

ただし、「読みやすい」ことが、単に「発音しやすい」だけの意味に陥るときがあるのも否定しがたい事実だ。「読みやすい」が、必ずしも「理解しやすい」に直結するとは限らない。これまでの叙述でも、校訂本に対する些少の不満は記しておいたが、改めて校訂本の問題点を指摘しておこう。殊に目立つ点を二つ挙げておく。

第一は、漢字の字体である。校訂本は、ほぼ一律に旧字体を新字体に、つまり常用字体に改めているのが実情だ。けれども、この措置が時として明確な理解を妨げる。本来は異なる「芸」と「藝」をすべて「芸」に統一しても、もともと両者の意味には隔たりがあるので、文脈を誤解するまでには至るまい。しかし、「余」と「餘」を漏れなく「余」に直してしまうと、かえって不便が生ずる。もと「余」は一人称、「餘」は「あまり」の意味だからだ。

たとえば、種々の例を列挙した後に、「余《よ》ハ此《かく》ノ如《ごと》ク推察《すいさつ》スルノミ」とでも記されていたら、どう解釈するか。「余」が文字どおり一人称「わたくし」の意味であれば、「私は以上のように推察するだけである」意になる。けれども、「余」が実は「餘」すなわち「あまり」の意味ならば、「その他の例については、以上と同様に推察するまでである」意となろう。「余」と「餘」が書き分けてあれば一瞬にして解釈できるものを、どちらも「余」に改めた結果、かえって困惑するはめになってしまう。正しい解釈を下すには、面倒でも原書を探し出し、「余」なのか「餘」なのかを確認せねばならない。読みやすかろうとの親切心から「余」と「餘」を機械的に「余」に統一する措置は、ありていに言って、読み手には有《あ》り難迷惑《がためいわく》そのものだ。

第二は、漢字から仮名への変換である。校訂本には、なるべく多くの漢字を平仮名に開いて読みやすくしようとする傾向が見られるが、やはり福が転じて禍となる場合も少なくない。そもそも、漢字で記された語句を平仮名に直してしまうと、ただでさえ警戒すべき〈漢文意識稀薄化現象〉をいっそう助長するだけだ。「蓋」と「けだし」では、辞典で調べようとする意欲に差が出るだろう。例の「凡ソ」や「已（既）ニシテ」（↓112・116頁）も、やんわり平仮名で「およそ」「すでにして」と持ちかけられると、つい見かけの優しさを中身の易しさと取り違え、わざわざ語義を確認しようとする気持ちなぞ起こらなくなってしまうのではないか。平仮名の字面《じづら》が仮面と化し、語義への注意をそらす負《マイナス》の効果を発揮するわけだ。

とりわけ仮名書きによって迷惑をこうむるのは、同訓異義語の類である。「いやしくも」が「苟モ」か「卑シクモ」かは、少し時間がかかるものの、まだしも判別がつく。けれども、「善ク」も「能ク」も一律「よく」に改めたとなれば、言語道断の僻事《ひがごと》だ。もと「善ク」は「上手《じょうず》に、十分に」の意で、英語〈be good at, well〉に当たり、「能ク」は「〜できる」意で、英語〈can, be able to〉に相当する。仮名書き「よく」では両者が見分けられず、ふと気が緩んだりすると、「最近あそこでよく彼女の姿を見かける」のような頻度を表す「よく」と混同するおそれすらあるだろう。事によれば、原文は「克《よ》ク」（「能ク」に同義）かもしれないのだ。何もかも「よく」と仮名書きされたのでは、読み手がたまったものではない。

「即チ」「則チ」「乃チ」などをすべて「すなわち」、「夫レ」や「其レ」を一律「それ」に改めてしまうのも、「よく」と五十歩百歩の勇み足だ。いかなる根拠に基づくのか、二つの読みが可能なはずの「是ヲ以テ」（↓16頁）を、ことごとく「これをもって」と読んですませる校訂本さえある。私見によれば、少なくとも文頭に立つ「是ヲ以テ」は、

「ここをもって」と訓ずるほうが適切な場合が多いかと見受けるのだが。

要するに、校訂本は、親切なつもりの措置がかえって仇《あだ》となり、肝腎な箇所では原書を確かめねばならぬ必要が生じて、結局は二度手間という場面も少なくない。《原文不在原理》ならぬ《原書不在原理》が働き、校訂本だけでは解釈に多大な不安が残るのだ。

本書を手にしている諸賢は、将来、史学の研究者として校訂本を作成する機会もあるだろう。そのときは、「蓋」を「けだし」と記して親切心を発揮したような錯覚に陥らないでほしい。「蓋」では読みづらかろうと思ったならば、「蓋《けだし》」とルビさえ付けておけば十分である。見やすさ、発音のしやすさに重きを置くあまり、かえって読み手が解釈にまごつくような校訂作業は慎んでほしい。できるかぎり原書のままに漢字を残し、ルビを最大限に活用する——この基本方針を守ってもらえれば、読み手としては大助かりだ。

むろん、ルビを加える作業は、あくまで慎重に進めねばならない。「唯〻」は「唯〻《ただ》」と読むのが私見による理解だが、たまたま手にした校訂本をめくると、「唯〻《ただただ》」とルビが付いていたりする。このようなルビを目にすると、当の校訂者は漢字送り「唯々」と二の字点「唯〻」の区別がついていないのではないかと、つい愚にも付かぬ失礼な想像をしてしまうのだ。瑕疵《かし》のない校訂本を作成するのは、まさしく至難の業である。

第五章　閲読篇

——《明六雑誌》二篇補注

本章では、明治七〜八年（一八七四〜七五）に刊行された《明六雑誌》が載せる左記の二篇を対象とし、それぞれに補注を加える。

【A】津田真道「地震ノ説」　＊《明六雑誌》第一七号・第二篇

【B】中村正直「支那不可侮論」　＊《明六雑誌》第三五号・第一篇

ここに謂《い》う「補注」とは、岩波文庫の山室信一・中野目徹［校注］『明六雑誌』上・中・下（岩波書店、一九九九・二〇〇八・二〇〇九年）に見える語注を前提としての呼称である。ぜひ当該文庫版を手もとに開きつつ読み進めていただきたい。同書の語注は漢語を主とする語彙および固有名詞の類について詳しいが、本章の補注では、重複を避けるべく、同種の注釈はほぼ省略に従う。そのかわり、第一〜四章で言及した各種の注意点を中心に閲読を試みよう。補注とはいえ、内容は漢文訓読体を学習するための解説である。必要に応じ、「『岩』」と略記して右の岩波文庫版の字句に触れ、少しく異を立てることもあるが、つまらぬ賢《さか》しらとして寛恕を請う。

底本には、『明六雑誌語彙総索引』の付冊たる『復刻版　明六雑誌』（大空社、一九九八年）第一〜二〇号および第二一〜四三号を用いる。この復刻版を使用するのは、もし必要とあらば、大学の図書館などで容易に閲覧できるだろうとの算段からだ。取り敢えずは右の岩波文庫版さえ手もとに置いてもらえれば、十分に用が足りる。

体裁と符号

本章で閲読する二篇の原文は、いずれも句読点のないベタ書きで、引用符もない漢字片仮名交じり文である。【A】津田真道「地震ノ説」は段落に分かれているが、【B】中村正直「支那不可侮論」には段落分けが見られない。

以下、説明および参照の便宜上、【A】【B】それぞれをほぼ岩波文庫版に従って段落に区切り、段落ごとに底本の漢字片仮名交じり文を掲げてから、句読点を打ち、引用符を付けて、総ルビの漢字平仮名交じり文に改め、語句を摘出しつつ説明を加えてゆく。過度の煩瑣を避けるため、漢字は、底本の字句を掲げる段階から、原則として常用字体に改めるが、恣意に異体字や旧字体を残す場合もある。仮名遣いは底本のままとし、漢字は妄《みだ》りに仮名に開かず、その逆もまた然《しか》り。ただし、底本に見える合字や略字の類は、漢字平仮名交じり文の段階で、平仮名に開いて記す。

なお、単なる参考にとどまるものの、漢字平仮名交じり文において、試みに左記のような符号を加える。中国人が漢文すなわち古典中国語の文章にほどこす手法を模倣したにすぎず、愚案に係る符号はわずかに反語符「!?」のみ。さしたる新鮮味もないが、たとえ当初は違和感を抱こうとも、いったん慣れてしまえば、活字本に書き込むのに甚だ便利な符号ばかりかと思う。

一　情緒符号

＊①②の符号・用法は、ほぼ英語に同じ。

①疑問符「?」を疑問文の末尾に付ける。

〔例〕何《なに》をか民《たみ》と云《い》ふ?

＊《明六雑誌》第二号・二オ－後三

②感嘆符「!」を語気の強い感嘆文・命令文などの末尾に付ける。

＊岩波文庫『明六雑誌』上 069-1 f.l.

〔例〕旨《むね》ある哉《かな》、言《げん》や!

＊《明六雑誌》第八号・五ウ-後六

＊岩波文庫『明六雑誌』上 284-6

〔例〕憂《うれ》ふること勿《なか》れ!

＊《明六雑誌》第五号・三オ-六

＊岩波文庫『明六雑誌』上 174-7

③反語符「!?」を反語文の末尾に付ける。

〔例〕豈《あに》其《その》減《げん》ずるを望《のぞ》むべけんや!?

＊《明六雑誌》第五号・三オ-三

＊岩波文庫『明六雑誌』上 174-3

二　固有名詞符号

＊固有名詞を視覚的に判別できるようにする。

④人名符号（左傍直線）を人名・地名・国名・王朝名・時代名・年号などに付ける。

〔例〕孔子　上海　英国　漢　平安　万延元年

⑤書名符号（左傍波線）を書名・篇名・文章題・詩題などに付ける。

〔例〕源氏物語　桐壺　桃花源記　長恨歌

右のうち、言語表現としての性質上、①と③あるいは②と③の区別がややもすれば曖昧に陥るのは已《や》むを得ない。

もともと疑問文と反語文は形式が同一であり、また、反語文は語気が強いため、そのまま容易に感嘆文にも変ずるからである。なお、本章で閲読する二篇に⑤は現れない。

もし④や⑤について、どうしても視覚上の違和感を拭えなければ、個人的に色彩の区別を決め、蛍光ペンを用いて、人名を緑色、地名を青色、書名を淡紅色、年号を黄色などと塗り分けるのも一法であろう。《明六雑誌》の諸篇にも、「倍根」（人名「ベーコン」）や「欧羅巴」（地名「ヨーロッパ」）などの符号が散見する。これは朱引《しゅびき》の名残と見なしてよい。朱引とは、一見して固有名詞などがわかるよう、該当する語句に朱墨で一定の線を引く手法を指す。活字本が普及し、墨筆を使わなくなった現在、もはや一般には行われないが。

いずれにせよ、少なくとも固有名詞については、視覚的な判別が利くように、何らかの措置をほどこすことを勧めたい。文章を読み直すときの効率が格段に向上する。

【A】津田真道「地震ノ説」

▽《明六雑誌》第一七号（明治七年〔一八七四〕九月刊行）五オ～七オ
▽岩波文庫『明六雑誌』中　pp.115–120

〔A1〕地震ハ災害ノ尤[1]酸毒ナル者[2]ナリ其[3]震動スルヤ山ヲ崩シ河ヲ決シ地ヲ坼キ家ヲ倒シ樹ヲ抜キ獣ヲ殺シ人ヲ傷ク嗚[4]呼流[5]毒ノ酸酷ナル地震ヨリ甚シキハナシ而[6]シテ其理知リ難シ古人之ヲ皇天ノ震怒トシ恐怖スルヿ[7]啻[8]ニ日蝕彗星ノミナラズ然レトモ[9]地震ハ皇天ノ震怒ニアラズ又皇天予ジメ此妖孽ヲ下シテ人主ヲ戒ムル所[10]以ニアラズ蓋[11]地震ハ造物主此地球ヲ造成スルニ臨テ洵[12]ニ止[13]ムヲ得ザルノ[14]景象即[15]地球[16]ヲシテ今日ノ形状ヲ得[17]セシメ吾人ヲシテ生々スルヿヲ得セシムル所[18]以ノ手段[19]ノミ

地震《ぢしん》は災害《さいがい》の尤《もつとも》酸毒《さんどく》なる者《もの》なり。其震動《そのしんどう》するや、山《やま》を崩《くづ》し河《かは》を決《けつ》し地《ち》を坼《さ》き、家《いへ》を倒《たふ》し樹《き》を抜《ぬ》き、獣《けだもの》を殺《ころ》し人《ひと》を傷《きずつ》く。嗚呼《ああ》！ 流毒《りうどく》の酸酷《さんこく》なる、地震《ぢしん》より甚《はなはだ》しきはなし。而《しかう》して其理《そのり》 知《し》り難《がた》し。古人《こじん》 之《これ》を皇天《くわうてん》の震怒《しんど》とし恐怖《きようふ》すること、啻《ただ》に日食彗星《につしよくすいせい》のみならず。然《しか》れども地震《ぢしん》は皇天《くわうてん》の震怒《しんど》にあらず。又《また》 皇天《くわうてん》 予《あらか》じめ此妖孽《このえうげつ》を下《くだ》して人主《じんしゅ》を戒《いまし》むる所以《ゆゑん》にあらず。蓋《けだし》 地震《ぢしん》は、造物主《ざうぶつしゅ》 此地球《このちきう》を造成《ざうせい》するに臨《のぞみ》て洵《まこと》に止《や》むを得《え》ざるの景象《けいしやう》、即《すなはち》 地球《ちきう》をして今日《こんにち》の形状《けいじやう》を得《え》せしめ、吾人《ごじん》をして生々《せいせい》することを得《え》せしむる所以《ゆゑん》の手段《しゅだん》のみ。

1　尤　「とりわけ、特に」すなわち英語〈particularly, especially〉の意。一般に最上級〈the most…〉を表す同訓の「最」とは意味合いが異なるので、「もっとも」と仮名に開くのは好ましくない。ただし、場合によっては、本来「最」のつもりでありながら、同訓ゆえに、筆画の少ない「尤」ですませた可能性を考慮する余地もある。

2　者　漢文における「者」。日本語の「者」は一般に人を指すが、漢文の「者」は意味が広く、人・物・事・時などを表す種々の名詞の代わりに用いる。いわゆる体言代用の「の」に近く、ここでは「災害」の意。

3　其　「の」を送り仮名とせず、一字で「其《その》」と読ませることが多い。一般に漢文では、指示形容詞の場合は「其《そノ》」、疑問文・反語文・感嘆文などで強意を表す場合は「其《そレ》」と読むので、単に「其」と記してあるときは一応の注意が必要だ。ただし、後者の場合、漢文訓読体では、「其《そ》レ」のごとく、送り仮名「レ」を添えるのが通例かと見受ける。

4　嗚呼　「ああ」と読む感嘆詞は、漢文では「嗚呼・噫・嘻・吁・嗟」など多種にのぼるが、漢文訓読体で用いられるのは「嗚呼」「噫」が代表かと見受ける。

5　流毒の酸酷なる地震より甚しきはなし　連体形「酸酷なる」は準体法。下文の「地震」に掛かる修飾語ではない。意味は「流毒の酸酷なること」と補えばわかりやすく、「流毒の酸酷なる、地震より……」と読点を打っておくのが誤解を防ぐための便法だ。連体形「甚しき」も準体法で、「甚しきもの」の意。「地震より……」は、漢文で記せば「莫《シ》レ甚《シキハ》二於《φ》地震《ヨリ》一」となる（「莫」＝〈nothing〉）。

6　而して　接続詞。上下に記された二つの動作・状態について、同時・並行の関係または連続・継起の関係を表す語。文脈によって、順接「そして、すると」の意にも、逆接「しかし、それでいて」の意にもなる。ここでは、逆接と解するのが穏当だろう。なお、読みは「而《しか》して」も可。読み仮名を「而《しか》して」と付けつつ、口頭では「而《しかう》して」と読んでも差し支えない。

7　ヿ　「事」の略体（→43頁）で、漢文訓読体に頻出する。ゆめ鍵括弧（「　」）の片割れ（」）と勘違いしないこと。

8　啻に日食彗星のみならず　訓読表現「啻《ただ》に〜のみならず」（→106頁）の一例だ。「何ぞ啻《ただ》に日食彗星のみならんや」または「日食彗星も啻《ただ》ならず」に同義で、「日食や彗星どころではない」つまり「地震に対して、日食や彗星よりも、もっと多大な恐怖を感じた」意である。あるいは、名詞「日食彗星」が眼目になっているので、一法として勧めたとおり（→106頁）、いったん「日食彗星をはるかに上回る」と訳してみてもよい。ただちに文意が把握できるだろう。

9　𪜈　「トモ」の合字（→43頁）にして濁点無表記。ここでは、逆接確定条件を表す言い回し「然れども」の「ども」。

清音「とも」か濁音「ども」かは、ふつう文脈で判断するしかない。一般に「とも」は逆接仮定条件、「ども」は逆接確定条件を表す。ただし、漢文訓読体では、漢文訓読に同じく、「ども」が逆接仮定条件に使われることもある。

10　所以　漢文では種々の用法があるが、漢文訓読体では、①「原因・理由」・②「手段・方法」・③「素材・材料」・④「目的・目標」のいずれかに引き当てれば、まず間違いなく解釈できる。ここでは②に解しておけばよい。「地震は、天が人の上に立つ者を戒める手段ではない」との意。

11　葢　「蓋」の異体字（→38頁）として頻出する。「し」を送り仮名とせず、一字で「蓋《けだし》」と読ませることが少なくない。一般に「蓋」は推量を表し、「たぶん、おそらく」の意。ここでも推量を表す。ただし、漢文の「蓋」には、上文の内容について原因・理由を述べる用法もあり、また両者を兼ねて「〜だからであろう」の意味合いに解せることもある。名詞「蓋《ふた》」にもなり得るが、「蓋《けだし》」と紛れる懸念はあるまい。

12　洵に　しばしば見かける字遣いで、「真《まこと》に」「誠《まこと》に」とほぼ同じ。いずれも「たしかに、ほんとうに」の意である。詳しくは、「洵に」は「（文字どおり）ほんとうに」、「真に」は「（偽りなく）ほんとうに」、「誠に」は「（本来あるべき姿のまま）ほんとうに」の意味合いかと思われるが、それほど厳密に区別して考える必要はない。

13　止むを得ざる　「止《や》むを得《え》ず」の本来の用法（→24頁）で、「止《とど》むるを得《え》ず」つまり「（地震は）押し止《とど》められない（景象である）」との意。「已《や》むを得ず」すなわち「（不本意ながらも）仕方ない」意ではあるまい。

14　の　文法上は不要の「の」（→93頁）。日本語として不自然なだけに、かえって、いかにも漢文訓読体らしい印象を与える。

15　即　現代日本語の「すなわち」と同じく、「つまり、言い換えれば」の意。漢文訓読体で用いる「すなはち」は、漢文の「すなはち」ほど複雑ではないようだ。まずは左の五字の意味合いを心得ておけば大過あるまい。ただし、同訓ゆえに字遣いが横滑りを起こすのか、使い分けが今一つ明確でない場合もあるように見受ける。柔軟に対処することが肝腎だ。

・即…①つまり、言い換えれば
②すぐさま、その場でただちに

・則…①〜だとすれば
＊上文の〈条件・仮定〉を「則」で受けて、下文の〈結果・帰結〉につなぐ。「〜なれば則《すなは》ち…」が典型的な用法。
②〜というものは、〜はどうかと言うと
＊上文の語句を、他と区別・対比し、ことさら取り立てて示す。「〜は則《すなは》ち…」が典型的な用法。

・乃…①そこで、すると
＊上文の事態を「乃」で受けて、それによって生ずる下文の事態に接続する。
②まさに、ほかでもなく
＊「乃《すなは》ち是《こ》れ」（まさにそれこそ）が典型的な用法。

・便…①＝「即」②　すぐさま、その場でただちに
②＝「乃」①　そこで、すると
③＝「乃」②　まさに、ほかでもなく
＊「便《すなは》ち是《こ》れ」（まさにそれこそ）が典型的な用法。

・輒…①そのたびに、そのつど
＊点状に反復するイメージ。上文の「毎《ごと》」と呼応する「〜する毎《ごと》に、輒《すなは》ち…」が典型的な用法。
②＝「即」②　すぐさま、その場でただちに

16　をして　下文の「しむ」と呼応して、使役構文「NをしてVせしむ」（NにVさせる）を形成する。ここでは、二つの使役表現「地球をして……得せしめ」「吾人をして……得せしむる」の並列。

17　得せしめ　既述のように（→92頁）、本来は「得しめ」。

18　所以　右掲の注10を参照。ここでは④「目的・目標」の意。「……得せしむる所以《ため》の手段」との心持ちで読めばよい。

19　のみ　「のみ」は、①「限定」の意味のほか、②「強調」の語気をも表す（→114頁）。ここでは、①「〜にすぎない」②「〜である」のどちらでも通じる。両者を兼ねたような響きの「〜にほかなるまい」が適訳か。「〜にほかならない」とせず、「〜にほかなるまい」と訳すのは、上文の「蓋」（→注11）を意識した結果である。

【A2】我地球ノ渾沌タルヤ一大火球[1]ノミ[2]蓋我地球ハ太陽ノ支子ニシテ分封セラル、所ノ者トス[3]而シテ火熱ハ四表ニ発散ス[4]是其性ナリ火球外面ノ熱気[5]漸ク天空ニ飛散シ其外部[6]転《ウタ》、冷所ヲ生シ物質凝結シテ[7]始テ地殻第一層ヲ成ス所謂花崗石層是ナリ[8]凡ソ物熱甚シケレバ飛颺シテ気状ト為リ熱減シ冷加ハリ凝テ流体ト為リ結テ堅体ト為ル水ノ汽ト為リ氷ト為ルニ同シトス[9]既ニ〆而シテ地殻上ニ[10]散布スル所ノ気類凝聚シテ雲霧溟合大雨流スガ如ク洪水天ニ滔リ地ヲ環リテ海ト為ル此時ノ景況ヲ想フニ堯時ノ洪水ニ比スルニ[11]何ンゾ啻千百倍ノミナランヤ

我地球《わがちきゆう》の渾沌《こんとん》たるや、一大火球《いちだいくわきう》のみ。蓋《けだし》 我地球《わがちきう》は太陽《たいやう》の支子《しし》にして分封《ぶんぽう》せらるる 所《ところ》の者《もの》とす。而《しか》して火熱《くわねつ》は四《し》表《へう》に発散《はつさん》す、是《これ》 其性《そのせい》なり。火球《くわきう》 外面《ぐわいめん》の熱気《ねつき》 漸《やうや》く天空《てんくう》に飛散《ひさん》し、其外部《そのぐわいぶ》 転《うたた》 冷所《れいしよ》を生《しやう》じ、物質《ぶつしつ》 凝結《ぎようけつ》して 始《はじめ》て地《ち》殻第一層《かくだいいつそう》を成《な》す。所謂《いはゆる》 花崗石層《くわかうせきそう》 是《これ》なり。凡《およ》そ 物《もの》 熱《ねつ》 甚《はなはだ》しければ、飛颺《ひやう》して気状《きじやう》と為《な》り、熱《ねつ》 減《げん》じ 冷《れい》 加《くは》はり、凝《こり》て流体《りうたい》と為《な》り、結《むすび》て堅体《けんたい》と為《な》る。水《みづ》の汽《き》と為《な》り氷《こほり》と為《な》るに同《おな》じとす。既《すで》にして而《しか》して 地殻上《ちかくじやう》に散布《さんぷ》する所《ところ》の気《き》類《るい》 凝聚《ぎようしゆう》して、雲霧溟合《うんむめいがふ》、大雨《たいう》 流《なが》すが如《ごと》く、洪水《こうずい》 天《てん》に滔《はびこ》り 地《ち》を環《めぐ》りて海《うみ》と為《な》る。此時《このとき》の景況《けいきやう》を想《おも》ふに、堯時《げうじ》の洪《こう》水《ずい》に比《ひ》するに何《いづく》んぞ啻千百倍《ただせんひやくばい》のみならんや!?

1　のみ　〔A1〕注19を参照。「〜にほかならない」と訳しておけばよい。

2　蓋　〔A1〕注11を参照。ここでは、推量よりも、理由付けに解するほうがよいだろう。〈「地球」が「一大火球」であったのは、燃え盛る「太陽」の「支子」だったからである〉との論理である。

3　而して　〔A1〕注6を参照。ここでは、単に「そして」と接続する。

4　是　上方の語句や内容を主語として受け、その主語に関する説明や判断を下方に述べる語。「これ」と訓ずるものの、指示機能は薄く、文法上は繋辞《コプラ》と見なしてよい。ほぼ英語の〈be〉動詞に似る。ここでの例に同じく、下文に「なり」が呼応することが多い。ただし、「是《これ》を」「是《これ》に」のように助詞を伴う場合は、訓読み「これ」そのままに、単なる指示代名詞である。

5　漸く　漢語または古語として「しだいに、だんだん」の意になる場合と、現代日本語と同じく「やっと、どうにかこうにか」の意になる場合とがある（→63頁）。ここでは、前者すなわち漢文の「漸」と同義に相違ない。

6　転　ルビ「ウタヽ」は底本による。「ますます、だんだん」の意。しだいに膨れ上がってゆくイメージを表す。ここでは、上文の「漸く」と組み合わせて英語〈the more...the more...〉と同じ語感で受け取り、〈「外面の熱気」が「飛散」すればするほど、いよいよ「外部」に「冷所」が「生じ」てくる〉との意に解すればよいだろう。なお、『新字源』（角川書店）が「転」（うたた）の第一義に「なんとなく」と記すのは、いささか不可解な釈義である。同辞典の付録「助字解説」の「転」に見える語釈「しだいに。次から次へと」が正しい。

7　始て　「そこではじめて」の意。「最初に」の意味合いではない。

8　凡そ　物事を総括して一般論を述べる表現で、「すべて〜というものは」の意。数詞を伴った場合（→112頁）と意味合いが共通する。

9　既にして而して　「〆」は「シテ」の略字（→43頁）。例の「既にして」（→117頁）に同じで、「まもなく、しばらくすると」の意。漢文「既《ニシテ》而《φ》」の「而」を、置き字とせず、そのまま「而《しかう》して」と訓じた表現である。こうした訓法の差異にも柔軟に対処したい。

10　散布する所の気類　動詞の動作の対象を表す「所」を用いた表現（→136頁）。「所」は、場所の意ではない。「散布する」が、「所」を介し、修飾語として「気類」に掛かる。

11　何んぞ啻千百倍のみならんや　〈A1〉注8を参照。「何んぞ」を冠した反語表現で、「どうして千百倍だけだろうか」→「千百倍どころではない」→「千百倍をはるかに上回る」意。単に「啻《ただ》」とし、「啻に」としていないのは、訓法の差異である。また、「千百」は、数字〈1100〉ではなく、「千と百」すなわち甚だ大きな数を意味する語。なお、今は『岩』と同じく「何《いづく》んぞ」と読んでおくが、「ん」の有無によって読みを確定することはできず、「何《な》んぞ」と訓じても差し支えない。「何《な》んぞ」も「何《いづく》んぞ」と同義。

〔A3〕　然[1]リ而シテ地殻固結スルニ従テ所[2]々ニ罅隙ヲ生ス其理炎天ニ地裂クルニ同シ乃[3]海水此罅隙ヨリ地心ニ侵入シ火熱ニ抵レ倏変シテ沸湯ト為リ忽化シテ汽ト為ル汽ハ水ニ比スルニ千七百倍ノ地[4]ヲ占ムルヲ要シ数[5]百千倍ノ張力ヲ有ス則[6]此張力ヲ有スト雖地殻ノ為ニ阻[7]（ママ）ヘラレテ其発[8]出スル所ヲ失ス是[9]ニ於テ更ニ激怒シ極テ其威力ヲ逞シウシ地殻ヲ昂起シ山岳トシ強テ其頂巓ヲ破リ電飛雷撃閃爍震鳴天空ニ迸散シテ止ム其景象ノ驚[10]愕畏懼スベキ何[11]ンゾ啻今日ノ地震噴火山ニ千百倍スルノミナラ

然《しか》り而《しかう》して地殻《ちかく》固結《こけつ》するに従《したがひ》て、所々《しよしよ》に罅隙《かげき》を生《しやう》ず。其理《そのり》炎天《えんてん》に地《ち》裂《さ》くるに同《おな》じ。乃《すなはち》海水《かいすい》此罅隙《このかげき》より地《ち》心《しん》に侵入《しんにふ》し火熱《くわねつ》に抵《ふ》れ、倏変《しゆくへん》して沸湯《ふつたう》と為《な》り忽化《こつくわ》して汽《き》と為《な》る。汽《き》は水《みづ》に比《ひ》するに、千七百倍《せんしちひやくばい》の地《ち》を占《し》むるを要《えう》し、数百千倍《すうひやくせんばい》の張力《ちやうりよく》を有《いう》す。則《すなはち》此張力《このちやうりよく》を有《いう》すと雖《いへども》、地殻《ちかく》の為《ため》に阻《へだ》てられて、其発出《そのはつしゆつ》する所《ところ》を失《しつ》す。是《ここ》に於《おい》て更《さら》に激怒《げきど》し、極《きはめ》て其威力《そのゐりよく》を逞《たくま》しうし、地殻《ちかく》を昂起《かうき》し山岳《さんがく》とし、強《しひ》て其頂巓《そのちやうてん》を破《やぶ》り、電飛雷撃《でんびらいげき》、閃爍震鳴《せんしやくしんめい》、天空《てんくう》に迸散《はうさん》して止《や》む。其景象《そのけいしやう》の驚愕《きやうがく》畏懼《ゐく》すべき、何《いづく》んぞ啻今日《ただこんにち》の地《ぢ》震《しん》・噴火山《ふんくわざん》に千百倍《せんひやくばい》するのみならんや!?

ンヤ

1　然り而して　逆接の接続詞「しかしながら、そうではあるけれども」。「然り」と「而して」に分かつことなく、「然り而して」（然《リ》而《シテ》）で一語と理解する。

2　所々に　あちらこちらに。漢文「処々《しょしょ》」を同音同訓ゆえに「所々」と記したものであろう。訓読み「所々《ところどころ》に」を避けたのは、訓読み「処々《ところどころ》」を嫌うのと同じ理由（↓113頁）による。なお、漢文における「所所《しょしょ》」は、木を伐《き》る音を表す擬音語である。

3　乃　〔A1〕注15を参照。上文の事態を受けて下文の事態に接続する「そこで、すると」の意。

4　地　体積。

5　数百千倍　この「百千」は、〔A2〕注11で触れた「千百」に同義で、膨大な数を意味する。

6　則此張力を有すと雖　訓読表現「則《すなは》ち～と雖《いへど》も」（雖《モ》二則《チ》～一）を用いた一句。単に「～と雖《いへど》も」（雖《モ》レ～《ト》）と記すに同じく、「～ではあるけれども、～とはいっても」の意。上方の「則」と下方の「雖」を組み合わせて一つの言い回しと捉えることが肝腎だ。両者を切り離し、「則」を単独で理解しようとすると、〔A1〕注15に掲げた「則」の用法と嚙《か》み合わず、わけのわからぬ話になる。『岩』は両者を平仮名「すなわち～といえども」に開いているが、これでは「すなわち」がどの字（即・則・乃・便・輒）か決めあぐね、ますます「いえども」との相関関係が見えづらくなってしまうだろう。

この「則ち～と雖も」について、次の漢文を学習用に提供しておきたい。

則《すなは》ち然《しか》云《い》ふと雖《いへど》も、尚《な》ほ茲《こ》の黄髪《くわうはつ》に猷詢《いうじゆん》せば、則《すなは》ち愆《あやま》つ所《ところ》罔《な》けん。

（雖《モ》二則《チ》云《フト》レ然、尚《ホ》猷二詢《セバ》茲《ノ》黄髪《ニ》一、則《チ》罔《ケン》レ所レ愆《ツ》／『書経』秦誓）

＝そうとはいえ、やはりこの老臣に相談すれば、落《お》ち度《ど》なく事が運べるだろう。

一つめの「則《すなは》ち」は、本文に同じく、「雖も」と組み合わさる「則ち〜と雖も」の「則ち」。二つめの「則《すなは》ち」は、単独に解すべき語で、〔A1〕注15に記したように、仮定と帰結を結ぶ「則ち」である。

7　阻へられて　『岩』が「阻《へだ》てられて」に作るのは、底本「阻へラレテ」の「へ」を「テ」の誤植と見なした結果なのだろう。あるいは、「阻《さ》へキラレテ」の「キ《ぎ》」の誤脱かとも思うが、「阻」を「さへぎる」と訓ずる根拠を欠くため、一案として記すにとどめる。

8　発出する所　〔A2〕注10を参照。ここでは自動詞「発出す」なので、そのまま動詞の動作の対象を表す「所」とは解しづらい。このように動詞が自動詞の場合は、「所」に前置詞「於」の意味合いが含まれているものと見なし、「そこに於いて発出するその所」（「そこ」と「その所」は同一の地点）すなわち「出口、捌《は》け口《ぐち》」の意と理解すればよい。「発出」が位置・場所に関係する語のため、結果として、一句の意味は、通常の日本語の語感で「発出する場所」と受け取るのと一致するが。

漢文における〈「所」＋自動詞〉の用例を掲げておく。

冀《き》の北土《ほくど》は、馬《うま》の生《しやう》ずる所《ところ》なり。　＊「冀」は、現在の河北省・山西省の一帯。

（冀 之 北 土《ハ》、馬 之 所《ナリ》レ生《ズル》／『左伝』昭公四年）

＝冀《き》の北部は、馬の産地である。　＊「馬 之 所レ生《ズル》」は、「馬がそこに於いて生ずるその所」すなわち「馬の産地」。

9　是に於て　上文の事態を受けて下文の事態に接続する「於是」の訓読表現「於《テ》レ是《ニ》」。右の注3「乃」にほぼ同じだが、「乃」よりも上文と下文の事態の緊密度が低く、やや間《ま》が空く語感である。

10　驚愕畏懼すべき　漢文の「べし」(可《シ》)は、①「可能・可能推量」(～できる、～できるだろう)・②「許可」(～してもよい、～しても差し支えない)・③「適当」(～するに値する、～するにふさわしい)が基本義であるが、漢文訓読体の「べし」は、この三者を基本としつつも、日本語の文語における推量の助動詞「べし」と同じく、多様な語義を持っている。ここでは、③「適当」すなわち「～するに値する」意に解しておけば穏当だろう。準体法「べき」のため、適宜に名詞を補い、たとえば「驚愕畏懼するに値するありさまは」と解釈すればよい。

11　何んぞ啻今日の地震噴火山に千百倍するのみならんや　〔A2〕注11に同じ。

〔A4〕然[1]リ而シテ此[2]ノ如キ大変異ノ景象ヲ重ヌルㇾ幾千[3]百回ナルヲ知ラズ又其間年所ヲ歴タルㇾ幾千[4]万年ナルヲ知ラズ因[5]テ以テ地球目今ノ形状諺[6]ニ所謂六[7]海三山一平地〔此比例実ハ当ラズ西人ノ筭[8]定スル所ニ従ヘバ海面ハ地面ノ三倍ナリト云フ〕ヲ得タリ是大洪水前地震及ヒ噴火山説ノ大[9]畧ナリ其詳ナルㇾハ地[10]質学ニ就テ知ルベシ而[11]シテ今日ノ噴火山ハ其餘燼ニシテ西人之ヲ汽[12]槽ノ避禍管ニ比[13]ス今日ノ地震ハ其餘波ノ[14]ミ

然《しか》り而《しかう》して　此《かく》の如《ごと》き大変異《だいへんい》の景象《けいしやう》を重《かさ》ぬること幾千百《いくせんひやく》回《くわい》なるを知《し》らず、又《また》其間《そのかん》年所《ねんしよ》を歴《へ》たること幾千万年《いくせんまんねん》なるを知《し》らず。因《より》て以《もつ》て地球《ちきう》目今《もつこん》の形状《けいじやう》、諺《ことわざ》に所謂《いはゆる》「六《りく》海《かい》三山《さんざん》一平地《いちへいち》」〔此比例《このひれい》実《じつ》は当《あた》らず。西人《せいじん》の算定《さんてい》する所《ところ》に従《したが》へば、海面《かいめん》は地面《ぢめん》の三倍《さんばい》なりと云《い》ふ〕を得《え》たり。是《これ》大洪水前《だいこうずいぜん》地震及《ぢしんおよ》び噴火山説《ふんくわざんせつ》の大略《たいりやく》なり。其　詳《そのつまびらか》なることは地質学《ちしつがく》に就《つき》て知《し》るべし。而《しかう》して　今日《こんにち》の噴火山《ふんくわざん》は其《その》餘燼《よじん》にして、西人《せいじん》之《これ》を汽槽《きさう》の避禍管《ひくわくわん》に比《ひ》す。今日《こんにち》の地震《ぢしん》は其餘波《そのよは》のみ。

1　然り而して　〔A3〕注1に同じ。

2　此の如き　「此《こ》の如き」とは読まない。漢文の語順「如《キ》レ此《ノ》」のまま「如此《かくのごと》キ」などと記されることもある(↓57

頁)。

3　千百　膨大な数を意味する。〔A2〕注11を参照。

4　千万　右の「千百」に同義で、さらに莫大な数を暗示する。

5　因て以て　ここでは、「因て」と「以て」に切り離すことなく、「因て以て」(因《テ》以《テ》)で一つの接続詞と捉えればよい。「因りて」(因《リテ》而《φ》)に同義で、上文の結果を下文に示す「したがって、それによって」の意。

6　諺に所謂　「俗に言われる」との意。「いはゆる」の「ゆる」は、奈良上代文法における受身の助動詞「ゆ」の連体形。

7　六海三山一平地　たとえば、橋本宗吉『喎蘭《オランダ》新訳地球全図』(寛政八年〔一七九六〕)冒頭に「一地球ノ中《うち》三山六海一平地ト俗間ニイヒナラハセリ」とあり、平田篤胤『古道大意』(文化八年〔一八一一〕筆録、文政七年〔一八二四〕刊行)下巻に「諺《ことわざ》ニ六海三山一平地ト申《まをし》テ、此ノ大地ノグルリガ、六分程《ろくぶほど》ハ海、三ツハ山、一ツハ平地ジャト申スコトデゴザル」と見える(平田篤胤全集刊行会〔編〕『新修 平田篤胤全集』第八巻、名著出版、一九七六年、五七頁上/表記に若干の改変を加えた)。

8　算定する所　動詞の動作の対象を表す「所」を用いた表現(→〔A2〕注10)。「算定した対象」すなわち「計算して定めた結果」の意。底本の「筭」は「算」に同じ。

9　大畧　大略。「畧」は、「略」の異体字として頻出する。ちなみに、上下が入れ替わった「备」は、「備」の異体字。

10　地質学に就て知るべし　地質学を学べば知ることができる。「就く」は「つきしたがう、従事する」、つまり「地質学の学習にいそしむ」意。「べし」は、可能を表す(→〔A3〕注10)。

11　而して　ここでは、順接「そして」(→〔A1〕注6)。

12　汽槽の避禍管　『岩』の説く「ボイラーの安全弁」で十分に理解できるが、「汽槽」がボイラーを指すのはよいとしても、「避禍管」と「安全弁」では少しくイメージがずれる。按ずるに、「避禍管」(避《クル》レ禍《ヲ》管＝禍《わざはひ》を避《さ》くる管《くだ》)は、定量を超えた蒸気を逃がす「オーバーフロー管」（仮に意訳すれば「過剰蒸気排出管」くらいか）を指すのではなかろうか。「安全弁」〈safety valve〉が作動し、「オーバーフロー管」〈overflow pipe〉から余分な蒸気が逃げるのが、ボイラーの構造である。文脈上、マグマが地殻の中を上昇して貫通する管状の比喩としても、「安全弁」より「オーバーフロー管」のほうがふさわしいだろう。

13 **比す** なぞらえる。たとえる。

14 **のみ** 〔A1〕注19を参照。①限定「〜にすぎない」または②強調「〜である」のいずれでも通じる。両者を兼ねて「〜にほかならない」と訳しておけば無難だろう。

〔A5〕 若[1]夫地球ニ此大変異ノ景象ナク唯[2]引力ニ是従フ時ハ地心地体地衣皆真ノ円形ニシテ中心ハ瞿曇氏ノ所謂金軸火輪皮肉ハ地輪水輪衣被ハ風輪ニシテ地面皆海面ニ蔽ハレテ顕ハレザルベ[3]シ若[4]夫然[5]レバ則[6]地面上ニ生ズル所ノ者皆水生水族ニシテ方今ノ地[7]上気中ニ生々スル所ノ草木禽獣絶[8]テ有ルヿナカルベシ然[9]ルヲ況ンヤ人ニ於テヲヤ乃[10]地震ハ造物主此地球ヲ造成スルニ就[11]テ必要欠クヘカラザルノ景象ニシテ吾人ノ世ニ在ルハ即[12]地震ノ賜ナリ造物主ノ地震ヲ用フルヤ人ノ火薬ヲ用ヒテ巌石ヲ炸裂シ山ヲ穿チ道路ヲ作ルニ比[13]スベシト[14]云フ

若夫《もしそれ》 地球《ちきう》に此大変異《このだいへんい》の景象《けいしやう》なく、唯《ただ》 引力《いんりよく》に是従《これしたが》ふ時《とき》は、地心《ちしん》・地体《ちたい》・地衣《ちい》 皆《みな》 真《しん》の円形《ゑんけい》にして、中心《ちゆうしん》は瞿曇氏《くどんし》の所謂《いはゆる》金軸《こんぢく》・火輪《くわりん》、皮肉《ひにく》は地輪《ぢりん》・水輪《すいりん》、衣被《いひ》は風輪《ふうりん》にして、地面《ぢめん》 皆《みな》 海面《かいめん》に蔽《おほ》はれて顕《あら》はれざるべし。若夫《もしそれ》 然《しか》れば 則《すなはち》 地面上《ぢめんじやう》に生《しやう》ずる所《ところ》の者《もの》、皆《みな》 水生《すいせい》水族《すいぞく》にして、方今《はうこん》の地上《ちじやう》・気中《きちゆう》に生々《せいせい》する所《ところ》の草木禽獣《さうもくきんじう》、絶《たえ》て有《あ》ることなかるべし。然《しか》るを況《いは》んや人《ひと》に於《おい》てをや!? 乃《すなはち》 「地震《ぢしん》は、造物主《ざうぶつしゆ》 此地球《このちきう》を造成《ざうせい》するに就《つき》て必要欠《ひつえうか》くべからざるの景象《けいしやう》にして、吾人《ごじん》の世《よ》に在《あ》るは、即《すなはち》 地震《ぢしん》の賜《たまもの》なり。造物主《ざうぶつしゆ》の地震《ぢしん》を用《もち》ふるや、人《ひと》の火薬《くわやく》を用《もち》ひて巌石《がんせき》を炸裂《さくれつ》し、山《やま》を穿《うが》ち道路《だうろ》を作《つく》るに比《ひ》すべし」と云《い》ふ。

1　若夫　「そもそも～については、ところで～となると」。文頭や段落の初めに置かれて、そこまでの叙述と関連のある他の話題に転換する語。ここでは、下文の「地球に……従ふ時は」を、新たな方向の話題として呈示する。「若《もし》」に仮定の意味はなく、また「夫《それ》」も指示語ではない。いずれも便宜上の読みにすぎず、二字で一語を成し、「～に至《いた》りては」（至《リテハ》二於～《ニ》一）とほぼ同義。読みに引きずられることなく、漢字「若夫」の字面《じづら》だけに反応できるよう心がけたい。「若夫」二字が上下にばらけて「夫《か》の～の若《ごと》きは」（若《キハ》二夫《ノ》～《ノ》一）または「夫《か》の～するが若《ごと》きは」（若《キハ》二夫《ノ》～《スルガ》一）となっていても、単なる訓法の差異にとどまり、「若夫」そのものの機能や意味は同一である。

2　唯引力に是従ふ　倒置構文「唯《ダ》引力《ニ》レ是従《フ》」の訓読表現（↓128頁）。実質上の意味は、「唯」と「是」を除き去り、動詞「従」と目的語「引力」を正置した「従《フ》二引力《ニ》一」すなわち「引力に従ふ」に等しい。

3　べし　推量「～はずである」。

4　若夫　右の注1を参照。ここでは、下文の「然れば」を新たな話題として呈示する。その直下に見える「則」は、上文の仮定「然れば」を受ける語。「若夫」そのものに仮定の意味はなく、「若夫」と「則」が呼応して仮定表現を形成しているわけではない。

5　然れば則　「もしそうだとすれば」。ここでは仮定条件なので、平安中古文法に則れば、〈未然形＋「ば」〉すなわち「然らば」となるはずだが、江戸近世文法では、〈已然形＋「ば」〉つまり「然れば」も仮定条件の表現として頻用されるようになっていた（↓90頁）。「則」は、〔A1〕注15に掲げたごとく、上文の仮定を受けて、下文に帰結を述べる語。一般には仮定条件でも確定条件でも「然らば則ち」を用いることが多く、英語〈if so, then...〉に相当する。

6　地面上に生ずる所の者　〔A2〕注10を参照。「地面上に生ずる」が、「所」を介し、修飾語として「者」に掛かる。「者」については、〔A1〕注2を参照。ここでは「生物」の意。

7　地上気中に生々する所の草木禽獣　右の注6に同じ。「地上気中に生々する」が、「所」を介し、修飾語として「草木禽獣」に掛かる。

8　**絶て有ることなかるべし**　「絶《た》えて有《あ》ること無《な》し」（絶《エテ》無《シ》レ有《ルコト》）に推量「べし」を加えた表現で、「一つとして存在しなかったはずである」の意。このような「絶て」を、現代仮名遣いで「たえて」に開くと、一瞬「堪〔耐〕えて」の意にも響くので、かえって紛らわしい。せめて歴史的仮名遣いを用いれば、「絶えて」なのか「堪〔耐〕へて」なのか、自ずから判然とするのだが。

9　**然るを況んや人に於てをや**　漢文の抑揚形「N$_1$すら且《か》つVす、而《しか》るを況《いは》んやN$_2$に於《お》いてをや」（N$_1$《スラ》且《ツ》V《ス》、而《ルヲ》況《シヤ》於《テヲ》レN$_2$《ニ》乎《ヤ》）の後半部分を用いた訓読表現である。上文の内容が抑揚形の前半部分に当たり、「草木禽獣でさえ一つとして存在しなかったはずである。ましてや人が存在するはずもない」との意。「然るを」は、抑揚形で多用される「而るを」を、同訓ゆえに書き換えたものであろう。底本の「况」は「況」の異体字。

10　**乃**　〔A1〕注15を参照。上文を受けて、下文へと接続する「乃」である。ここでは、本段落の末尾に位置する「と云ふ」と呼応し、「そこで（ある西洋人は）〜と述べた」の意を成すものと解しておく。左の注14を参照。

11　**就て**　〔A4〕注10の「就《つき》て」に同じ。

12　**即**　〔A1〕注15を参照。「つまり、言い換えれば」の意。

13　**比すべし**　「比す」は、〔A4〕注13に同じ。「べし」は可能を表す。「なぞらえることができる、たとえられる」の意。

14　**と云ふ**　伝聞を表し、〔A4〕末尾に見えた「西人」すなわち西洋人のだれかが述べた説の借用であることを暗示する。どこからが借用の範囲なのか不明瞭だが、今、上文に見える注10の「乃《すなはち》」と呼応する字句と見なし、「乃」から「と云ふ」までを借用の内容と考えておく。

〔A6〕　天外子[1]曰ク人主[2]ノ兵ヲ用フルヤ猶[3]造物主ノ地震ヲ用フル如キ乎国家洵ニ止ムヲ得ザルノ形

天外子《てんぐわいし》曰《いは》く——人主《じんしゆ》の兵《へい》を用《もち》ふるや、猶《なほ》造物主《ざうぶつしゆ》の地震《ちしん》を用《もち》ふる如《ごと》き乎《か》？　国家《こつか》洵《まこと》に止《や》むを得《え》ざるの形勢《けいせい》に際《さい》し、勢ニ際シ真ニ已ムヲ得ザルノ情実ニ因テ之ヲ用フレバ則[4]以[5]テ国難ヲ除去スベシ以テ国威ヲ弘張スベシ以テ国光ヲ増加スベシ以テ境土ヲ開広スベシ以テ国福ヲ洪大ニスベシ夫[6]レ寔[7]ニ此ノ如クナレバ国家用兵ノ利亦大ナルヿ造物主ノ地震ヲ用ヒテ地球ヲ大成スル如クナルベシ然レトモ其間猶[8]人ヲ殺スヿ数千万財ヲ尽スヿ数千万国内貨源一[9]旦空涸スルノ憂[10]ヲ免レス則[11]戦利アルモ其瘡痍全ク愈テ百[12]事旧観ニ復スルニ至ル迄[13]君民更ニ十数年ノ拮据経営ヲ要スベシ矧[14]ンヤ軽挙妄動明[15]ニ兵ヲ弄シ武ヲ黷スニ於テヲヤ其[16]国ヲ顚シ身ヲ滅サヾル者幾ンド希ナリ兵燹ノ餘殃豈[17]恐懼セザルベケンヤ

真《まこと》に已《や》むを得《え》ざるの情実《じやうじつ》に因《より》て之《これ》を用《もち》ふれば、則《すなはち》以《もつ》て国難《こくなん》を除去《ぢよきよ》すべし、以《もつ》て国威《こくゐ》を弘張《こうちやう》すべし、以《もつ》て国光《こつくわう》を増加《ぞうか》すべし、以《もつ》て境土《きやうど》を開広《かいくわう》すべし、以《もつ》て国福《こくふく》を洪大《こうだい》にすべし。夫《そ》れ寔《まこと》に此《かく》の如《ごと》くなれば、国家《こつか》用兵《ようへい》の利《り》亦《また》大《だい》なること、造物主《ざうぶつしゆ》の地震《ぢしん》を用《もち》ひて地球《ちきう》を大成《たいせい》する如《ごと》くなるべし。然《しか》れども其間《そのかん》猶《なほ》人《ひと》を殺《ころ》すこと数千万《すうせんまん》、財《ざい》を尽《つく》すこと数千万《すうせんまん》、国内貨源《こくないくわげん》一旦《いつたん》空涸《くうこ》するの憂《うれへ》を免《まぬか》れず、則《すなはち》戦利《せんり》あるも、其瘡痍《そのさうい》全《まつた》く愈《いえ》て百事《ひやくじ》旧観《きうくわん》に復《ふく》するに至《いた》る迄《まで》、君民《くんみん》更《さら》に十数年《じふすうねん》の拮据経営《きつきよけいえい》を要《えう》すべし。矧《いは》んや、軽挙妄動《けいきよまうどう》、明《あきらか》に兵《へい》を弄《ろう》し武《ぶ》を黷《けが》すに於《おい》てをや!? 其《その》国《くに》を顚《たふ》し身《み》を滅《ほろぼ》さざる者《もの》、幾《ほと》んど希《まれ》なり。兵燹《へいせん》の餘殃《よあう》、豈恐懼《あにきようく》せざるべけんや!?

1　天外子曰く　「天外子」は、筆者たる津田真道の号。篇末に「〔筆者〕曰く」として自身の論評を加えるのは、〔漢〕司馬遷『史記』の「太史公曰《たいしこうく》」以来の論賛《ろんさん》と呼ばれる形式である。「曰く」の内容は、〔A7〕の最後すなわち本篇の末尾に至るまでの字句すべて。

2　人主の兵を用ふるや　「の」は主格を表す。「人主」が修飾語として「兵」に掛かることを表す「の」ではない。敢えて漢文を想定すれば「人主之《の》用《フル》レ兵《ヲ》也《や》」となろう。「用《フル》二人主之《の》兵《ヲ》一也《や》」ではない。

3　猶造物主の地震を用ふる如き乎　「猶」と「如き」が上下で呼応する。再読文字「猶」の訓読「猶《な》ほ〜するがごとし」（猶《ホ》《シ》レ〜《スルガ》）の再読「ごとし」を漢字で「如し」と記した表現とも、あるいは、連語「猶如」の訓読「猶《な》ほ〜するが如《ごと》し」（猶《ホ》如《シ》レ〜《スルガ》）をそのまま用いた表現とも考えられる（↓104頁）。今日の訓法では、一般に「……用ふるが如き」となるところ。「が」の有無は、訓法の差異による。「の」については、右の注2に同じ。

4　則　仮定を受けて帰結につなぐ語。〔A1〕注15を参照。

5　以て〜すべし　「可《シ》二以《テ》V《ス》一」の訓読表現。「可」と「以」のそれぞれの意味（↓〔A3〕注10・↓16頁）を考え、文脈に合うように組み合わせて解釈する。ここでは「以て」は手段・方法、「べし」は可能。「そうすること（上文の内容）によって〜できる」意。

6　夫れ　発語の助字「夫」を訓読した表現。新たに議論を開始するときに冠する語で、「そもそも、いったい」の意。指示代名詞の「それ」ではない。

7　寔に　「実《まこと》に」に同じで、「実際、現実に」。少なからず見かける用字である。

8　猶　副詞としての「なほ」。下文に「ごとし」が呼応していないので、再読文字としての「猶」ではない。

9　一旦　原義は「ある朝」。転じて「ある日のこと、いつの日か」の意。

10　憂　『岩』のように「うれい」と読むも可。下二段動詞「うれふ」の連用形が名詞に転化した語なので、本来は「うれへ」。「うれへ」が変化した「うれひ」は、鎌倉時代ごろから現れた連用形。「うれへ」か「うれひ」か、現今の漢文訓読でも読みが一定しない。

11　則戦利あるも　「たとえ戦利があるとしても」の意。「雖《いへど》も」こそ見えないが、〔A3〕注6で観た訓読表現「則《すなは》ち〜と雖《いへど》も」と同じ心持ちで、つまり「則戦利《すなはちせんり》ありと雖も」の変形と見なして解釈すればよい。「あり」の連体形「ある」に「も」を加えて逆接を表す言い回しは、明治三十八年（一九〇五）十二月二日「官報」所載の文部省告示「文法上許容スベキ事項」第十五項（↓付録）に見える。

12　百事旧観に復す　「さまざまなことが、かつてのありさまにもどる」＝「すべてが元どおりになる」意。復文すれば

「百事復《ス》㆓旧観《ニ》㆒」となる。「復《ス》㆓百事旧観《ニ》㆒」ではない。

13　迄　漢文では動詞「およぶ」に訓ず。「まで」と読むのは国訓、すなわち和文要素の混入にほかならない。

14　矧んや　「況《いは》んや」に同じ。たびたび見かける用字である。

15　明に　『岩』は誤植と見なし、次節〔A7〕の「妄《みだり》に兵《へい》を動《うご》かし武《ぶ》を黷《けが》す」に合わせて「みだりに」に改めるが、「妄《みだ》りに」では上文「妄動」の「妄」（「妄《みだ》りに」の意）と重複してしまう。そのまま「明《あきらか》に」と訓じ、「だれが見ても、疑う余地なく」または「あらわに、あからさまに」と解しておけば十分ではなかろうか。

16　其国を顛し身を滅さざる者　「其《その》」は、「国を顛し身を滅さざる者」全体に、すなわち文法上は「者」に掛かる。直下の「国」だけに掛かるわけではない。敢えて復文すれば、「不《ル》㆘顛《シ》㆓其《ノ》国《ヲ》㆒滅《ボサ》㆖身《ヲ》者」ではなく、「其《ノ》不《ル》㆓顛《シ》㆑国《ヲ》滅《ボサ》㆑身《ヲ》者」となろう。「其《その》」がどの語句に掛かるかは、常に注意して読む必要がある（↓21頁）。同じく、打消の助動詞「ず」（ここでは連体形「ざる」）すなわち漢文における否定辞「不」の掛かり方にも注意したい。「国を顛し身を滅さず」は、右に記したように「国を顛し身を滅す」全体に掛ける「不㆓顛《シ》㆑国《ヲ》滅《ボサ》㆑身《ヲ》」が正しく、「身を滅す」だけに掛けて「顛《シ》㆑国《ヲ》不㆑滅《ボサ》㆑身《ヲ》」と解するのは誤りである。いずれについても、視覚に訴えるような文法上の判別法はなく、文脈をにらみ、補助手段として復文を用いるしかない。なお、「者」は、「其」を受けるため、上文「軽挙妄動、明に兵を弄し武を黷す」の内容すなわち「軽はずみな戦争」を意味する（↓〔A1〕注2）。

17　豈恐懼せざるべけんや　「豈《あに》〜んや」を用いた典型的な反語表現。反語を表す「豈」を否定辞「不」に置き換えて、下文に見える否定辞すなわち打消の助動詞「ざる」と相殺し、否定《マイナス》×否定《マイナス》＝肯定《プラス》、つまり「恐懼すべし」の意になるものと理解すればよい。そうすれば、すんなり「どうして恐れずにいられようか（いや、恐れるのが当然だ）」と解釈できる。「べけんや」の「べけ」は、奈良上代文法における「べし」の未然形（↓89頁）。

〔A7〕而シテ夫[1]ノ地震ハ専ラ人ノ為ニ地ヲ為ス　——　而《しかう》して夫《か》の地震《ちしん》は専《もっぱ》ら人《ひと》の為《ため》に地《ち》を為《な》す所以《ゆゑん》なり。

所以ナリ兵固[2]ヨリ国ノ為ニ之ヲ用フト雖到[3]底何物ノ為ニ地ヲ為スヤ鷸[4]蚌相持スルハ漁夫ノ利ナリ何[5]ンゾ知ランヤ黄龍野ニ戦フハ白帝ノ子ノ利ニアラザルヿヲ噫近時拿破崙三世ハ不世出ノ英雄ナリ然レトモ其妄ニ兵ヲ動カシ武ヲ黷スノ殃遂ニ戦[6]敗レテ身倫敦ニ客死ス是其[7]自取ル所ナルノミ将[8]誰[9]ヲカ怨ミンヤ唯傷ムベ[10]キハ仏国三千七百万ノ生霊今日猶其餘毒ヲ蒙リテ免カレザルナリ是ヲ殷[11]鑑ノ尤近キ者トス

兵《へい》 固《もと》より国《くに》の為《ため》に之《これ》を用《もち》ふと雖《いへども》、到底《たうてい》 何物《なにもの》の為《ため》に地《ち》を為《な》すや？ 鷸蚌《いつばう》 相持《あひぢ》するは漁夫《ぎよふ》の利《り》なり。何《いづく》んぞ知《し》らんや、黄龍《くわうりゆう》 野《や》に戦《たたか》ふは白帝《はくてい》の子《こ》の利《り》にあらざることを!? 噫《ああ》！ 近時《きんじ》 拿破崙《ナポレオン》三世は不世出《ふせいしゆつ》の英雄《えいゆう》なり。然《しか》れども 其《その》妄《みだり》に兵《へい》を動《うご》かし武《ぶ》を黷《けが》すの殃《わざはひ》、遂《つひ》に戦《いくさ》 敗《やぶ》れて 身《み》 倫敦《ロンドン》に客死《かくし》す。是《これ》 其《その》自《みづから》 取《と》る所《ところ》なるのみ、将《はた》 誰《たれ》をか怨《うら》みんや!? 唯《ただ》 傷《いた》むべきは、仏国三千七百万《フランスさんぜんしちひやくまん》の生霊《せいれい》、今日《こんにち》 猶《なほ》 其餘毒《そのよどく》を蒙《かうむ》りて免《まぬ》かれざるなり。是《これ》を殷鑑《いんかん》の尤《もつとも》近《ちか》き者《もの》とす。

1　夫の　「その、あの」に相当する指示形容詞だが、「その」とは読まない。発語の助字「夫《そ》れ」（→〔A6〕注6）と混同しないこと。

2　固より　「もともと、言うまでもなく」。もし「素《もと》より」ならば、「日ごろ、以前からずっと」の意。同訓異義の問題がからまるため、「もとより」と仮名に開くと、かえって解釈に余計な手間がかかり、誤解の余地を生む。

3　到底　「いったい、結局のところ」。疑問文に冠して、強く問い質す語気を示す。

4　鷸蚌相持するは漁夫の利なり　名高い「漁父之利《ぎよふのり》」の故事（『戦国策』燕策二）を指す。鷸《いつ》（シギ）と蚌《ほう》（カラスガイ）の争いにつけこみ、漁師がもろとも捕らえてしまうという寓言。二者の争いに乗じて第三者が利益を得ることをたとえる。「相持す」は、「互いに勢力が等しく、退こうとしない」意。「漁夫」は「漁父」に同義で、「父」を「夫」に書き換えた語である。

5　何んぞ知らんや黄龍野に戦ふは白帝の子の利にあらざることを　文字どおりに読んだだけでは唐突な印象を受ける

ばかりで、まったく文脈が理解できない。このような字句は何らかの典拠を踏まえている可能性が高いため、上文「鷸蚌相持するは漁夫の利なり」を見すえつつ、文意が滑らかにつながるよう、整合性のある解釈を求めることとなる。

まずは、反語文ならではの処理をほどこす。〔A6〕注17に同じく、反語を表す「何んぞ」を否定辞「不」に置き換えて、下文に見える否定辞すなわち打消の助動詞「ざる」と相殺し、否定《マイナス》×否定《マイナス》＝肯定《プラス》、つまり「知る、黄龍野に戦ふは白帝の子の利なるを」の意だと理解すればよい。すなわち「黄龍が野に戦ふのは白帝の子の利であることがわかる」という意味になるはずである。となれば、「黄龍野に戦ふ」が上文の「鷸蚌相持す」に、「白帝の子の利」が同じく上文の「漁夫の利」に対応していることは明らかだろう。要するに、「二頭の黄龍が戦えば、第三者たる白帝の子が利益を得るはずだ」との意味になる。この文意を踏まえつつ、あとは〈ア〉「黄龍野に戦ふ」と〈イ〉「白帝の子の利」について考察を加えればよい。

『岩』は、反語表現「いずくんぞ知らんや」を切り離し、「黄龍野に…」だけに注して「強者が戦えば共に傷つき、誰の利益にもならないことを意味するか」と記すが、これでは、読み手が自ら反語表現を付け加え、改めて文意を理解しなおさねばならず、結果として、どのように解釈すればよいのか、何が何やらわからずじまいになってしまうだろう。実際、「強者が戦えば共に傷つき、誰の利益にもならない」に反語表現「いずくんぞ知らんや」をかぶせると、いかなる意味になるのか。だれも明確には即答できまい。ややもすれば、反語文全体の意味をまったく逆さまに取り違えかねないだろう。反語表現の中身だけを取り出した解説方式には賛成しかねる。

〈ア〉黄龍野に戦ふ　『岩』は『易経』坤卦に「龍、野に戦えば、その道は行きづまる」とあると記す。これは坤卦〈上六〉の象辞《しょうじ》「龍《りゅう》野《や》に戦《たたか》へば、其《そ》の道《みち》窮《きは》まるなり」（龍戦《ヘバ》二于野《ニ》一、其《ノ》道窮《マル》也）を訳した字句であろう。しかし、なぜ「その道」が「行きづまる」のか、津田真道の記す文脈に照らして、今一つ腑に落ちない。「その道は行きづまる」が具体的に何を意味するのかも不明である。

按ずるに、引くべきは坤卦〈上六〉の爻辞《こうじ》「龍《りゅう》野《や》に戦《たたか》ひ、其《そ》の血玄黄《ちげんくわう》なり」（龍戦《ヒ》二于野《ニ》一、其《ノ》血玄黄《ナリ》）および当該一句に関する〔宋〕朱熹『周易本義』の注「陰盛《いんせい》の極《きょく》は、陽《やう》と争《あらそ》ひ、両《ふた》つながら敗《やぶ》れて倶《とも》に傷《きず》つくに至《いた》る」（陰盛之極《ハ》、至《ル》二与レ陽争《ヒ》、両《ツナガラ》敗《レテ》倶《ニ》傷《ツクニ》一）であろう。両者を併せて端的に解せば、「陰龍の勢いが盛んになって極限に達すると、陽龍に戦いを挑み、その結果、互いに傷つけ合って玄《くろ》ずんだ黄色の血を流す」意である。これならば、取り敢えず「二頭の龍が戦う」イメージには合う。

ただし、問題は、津田が明確に「黄龍野に戦ふ」と記している点だ。右のごとく『易経』の字句を解せば、もともと「玄」が天の色、「黄」が地の色であるため、陽龍すなわち黒龍と陰龍すなわち黄龍とが争うこととなり、「二頭の黄龍が戦う」イメージには合わない。

そこで、さらに按ずれば、津田の記す「黄龍」は、まさしく色彩「黄」にこそ重みがあるに違いない。つまり、この「黄」は黄色人種を指し、「二頭の黄龍が戦う」イメージは、「黄色人種どうしの清国と日本が戦争をする」意に解せばよいのではなかろうか。すなわち、津田は、『易経』坤卦〈上六〉の爻辞にまつわる字句を借り来たって、日清両国の戦争を指し示しているのだろう。あるいは、清朝の国旗「黄龍旗」を念頭に置き、「清国が日本と戦争をする」意を表そうとしたのかもしれない。いずれが是か非か決めがたいが、どちらの意味に解釈しても特に差し支えはなかろう。所詮《しょせん》は「清国と日本が戦争する」のか「清国が日本と戦争する」のかの差異にとどまり、「二頭の黄龍が戦う」イメージに変わりはないからだ。

この津田の一文「地震ノ説」を載せる《明六雑誌》第一七号が刊行された明治七年（一八七四）九月は、いわゆる「征台の役」の最中に当たり、日本は五月の初めから台湾に出兵していた。九月の初め、大久保利通が北京に到着して交渉に臨むなど、清国との外交関係が悪化していた時期である。日本が撤兵を開始したのは、十月末のことだった。むろん、これに合わせて解釈すれば、「野」は、清国にとっては化外の地、日本にとっても国外の地たる台湾を指すこととなる。

〈イ〉白帝の子の利　これは『岩』の記すごとく、『史記』高祖本紀に見える有名な逸話を踏まえている。「赤帝の子」たる〔漢〕高祖すなわち劉邦《りゅうほう》が、大蛇に化けた「白帝の子」を斬《き》った故事。『岩』は「白蛇」と記すが、『史記』原文は「大蛇」に作り、「白蛇」とは記していない。この逸話は、五行思想に基づいて、劉邦が、金徳（白）を持つ秦朝を倒し、火徳（赤）を持つ漢朝の祖となることを予言する内容と解せられる。もっとも、この逸話を読むかぎり、「白帝の子」は、「利」を得るどころか、単に斬殺されたにすぎない。話そのままではまったく津田の文脈に合わず、色彩としても「白」に対比されているのは「赤」であり、「黄龍野に戦ふは」の色彩「黄」との組み合わせが理解できない。

按ずるに、「黄龍」と同じく、この「白帝の子」も、実は色彩「白」に重点があり、広くは白色人種たる欧米列強を、狭くは帝政ロシアを念頭に置いているのではないか。当時、ロシアは、国境が未確定状態にあった樺太《からふと》方面で絶えず紛擾を引き起こしていた。そのロシアが、日本と清国との紛争につけこみ、さらに強力に南下政策を推し進めてくる可能性は明らかだったことだろう。ロシアは、すでに一八五八年に愛琿《あいぐん》条約により黒龍江の北側を獲得、一八六〇年には北京条約により沿海州を手中にしてウラジヴォストーク港を開くなど、露骨な南下によって清国を圧迫していたのである。

一方、清国と日本が戦争することになれば、当然、両国とも近代兵器が必要となり、小は火器から大は戦艦に至るまで、すべて欧米各国から買い付けざるを得ず、列強の商人たちが巨額の利益を手にすることは目に見えていた。この点については、後日、明治七年（一八七四）十一月十六日、福沢諭吉が明六社の定例会で行った「征台和議の演説」（『明六雑誌』第二一号所載）の内容を見ても明らかである。福沢は、征台の役を日清両国の双方関係のみで理解することなく、そこに欧米列強を加えた三方関係で捉える必要があると主張し、とりわけ貿易・外交関係における西洋諸国の存在に警鐘を鳴らしたのだった。

右を要せば、「黄龍野に戦ふは白帝の子の利」は、「もし黄色人種たる清国と日本が台湾で戦火を交えて国力を疲弊させれば、それに乗じて、白色人種たる欧米列強が経済的利益を、帝政ロシアが領土的利益を獲得する」との意味になる。上文「鷸蚌相持するは漁夫の利なり」をそのまま引き継ぐ内容で、次のように整理すれば理解しやすい。

鷸vs蚌　黄龍vs黄龍＝黄色人種　日本vs清国　↓国力の疲弊
漁夫　白帝の子　＝白色人種　┬ 欧米列強　↑経済的利益
　　　　　　　　　　　　　　└ 帝政ロシア　↑領土的利益

一見『易経』や『史記』の字句を想起させる津田の筆致は、漢学の素養を欠く現代の我々にとっては戸惑いの種だが、明治初年当時の修辞が勝った言い回しとは、このようなものだったのだろう。ただし、右掲の福沢諭吉「征台和議の演説」は、ロシアについては一言《ひとこと》も触れていない。もし津田にあってもロシアに対する警戒感が薄かったとすれば、右の図から「帝政ロシア　↑領土的利益」は削除したほうがよかろう。念のため今はしばらく残しておき、その当否は史学の専門家の判断に委ねることとする。

6　戦　「たたかひ」と訓ずるも可。ただし、「たたかひ」と読むと、動詞「たたかふ」の連用形「たたかひ」が名詞に転化した語とは限らず、純然たる連用形「たたかひ」のまま「敗れ」と結合し、「戦敗《たたかひやぶ》れる」すなわち「戦って敗れる」意に解する余地も生ずる。意味はほとんど変わらないが。

7　其自取る所　「ナポレオン三世が自分で招いた災難」の意。「其」は、ナポレオン三世を指していう。「自取る所」は、動詞の動作の対象を表す「所」を用いた表現（→〔A2〕注10）で、復文すれば「所㆓自ラ取ル㆒」すなわち「自身で引き寄せた対象」の意。上文「妄に兵を動かし武を黷すの殃」に鑑み、「所」は「わざわい」の意と解せられる。

8　将　反語文「誰をか怨みんや」の語気を強める副詞で、「そもそも、いったい」の意。うっかり名詞「将《しやう》」（＝将軍）に誤解すると、文意が通じなくなる。

9　誰をか怨みんや　「誰」は、漢文では一般に清音「たれ」。漢文訓読体でも清音に読んでおくのが無難であろう。また、「うらむ」は四段動詞だが、漢文訓読において、未然形だけは旧い上二段活用に従って「うらみ」を用いる習慣だ。それに反語表現「んや」が接続して「怨みんや」となる。同様の例に四段動詞「しのぶ」があり、やはり未然形だけは旧い上二段活用に基づいて「しのび」を使う。漢文訓読体においても、「うらみず」「しのびず」の響きに慣れておきたい。

10 べき　適当「〜に値する」。

11 殷鑑の尤近き者　成語「殷鑑遠《とほ》からず」（殷鑑不レ遠《カラ》／『詩経』大雅「蕩」）が念頭に浮かべば、解釈は容易であろう。「戒めとするにふさわしい前例のうち、とりわけ現在に近い実例」の意。「尤」および「者」については、〔A1〕注1・2を参照。

【B】中村正直「支那不[0]可侮論」

▽《明六雑誌》第三五号（明治八年〔一八七五〕四月刊行）一オ〜三オ

▽岩波文庫『明六雑誌』下　pp. 175–181

〔B1〕支那多ク人物ヲ出ス[1]之ヲ古今ニ徴シテ見ルベ[2]シ聖賢君子英雄豪傑踵ヲ継デ出ツ[3]若シ[4]コ[5]レヲ挙ケテ言ハント欲セバ僕[6]ヲ更《カフ》トモ尽クベカラズ其不[7]可侮一ツナリ

支那《しな》多《おほ》く人物《じんぶつ》を出《いだ》す。之《これ》を古今《ここん》に徴《ちよう》して見《み》るべし。聖《せい》賢《けん》・君子《くんし》、英雄《えいゆう》・豪傑《がうけつ》、踵《くびす》を継《つい》で出《い》づ。若《も》しこれを挙《あ》げて言《い》はんと欲《ほつ》せば、僕《ぼく》を更《かふ》とも尽《つ》くべからず。其《その》不《ざルコト》レ可《ベカラ》レ侮《あなどル》一《ひと》つなり。

0　不可侮論　漢文をそのまま用いた表題。筆者の中村は「不可侮論《ふかぶのろん》」と音読みしていた可能性もあるが、『岩』のように「不可侮論《あなどるべからざるの》」（不《ルノ》レ可《カラ》レ侮《ル》論）と訓読しておくほうがわかりやすい。「〜の論《ろん》」は、「〜の説《せつ》」「〜の序《じょ》」などとともに、表題に常用される言い回し。

1　出す　「いだす」と訓ず。「だす」ではない（↓48頁）。今、終止形と見なして「出す。」と句点を打っておくが、連体形と解し、『岩』のように「出す、」と読点を打ってもよい。もし「支那の多く……」と記されていれば、「出す」が連体形であることは明らかだが。

2　見るべし　「目にすることができる」意。「べし」は可能を表す。

3　出づ　底本「出ツ」は、「出づ《い》」の濁点無表記。読み仮名を付けずに現代仮名遣いで「出ず」と記すと、「ず」が打消の助動詞に見えかねず、「出ず《で》」すなわち「出ない」意に誤解する危険性がある（↓48頁）。

4　若し　漢文訓読体における第一感は「もし」または「ごとし」。「若し《わか》」は国訓である（↓61頁）。

5　これを挙げて言はんと欲せば　一見「挙げて」は「列挙する」意の動詞のようだが、そうだとすると、さらに動詞

「言ふ」が加わるのは贅言の嫌いがあり、いささか不自然である。この「挙げて」は、「君《きみ》挙《あ》げて群臣《ぐんしん》を信《しん》ぜざるか」（君挙ゲテ不ルレ信ゼ二群臣ヲ一乎／『左伝』哀公六年）の「挙げて」に同じく、実は「みな、すべて」を意味する副詞「挙」であろう。つまり、「挙げて」は動詞「言ふ」に掛かる修飾語であり、あたかも動詞のごとく「挙げて」と訓ずるのは単なる訓読上の便宜にすぎない。一句全体で「それをすべて言おうとすれば」の意。

6　僕を更とも尽くべからず　「僕」は、訓読み「しもべ」も可。底本のルビ「更《カフ》」は、訓読み「更《か》ふ」（＝更《か》える）を表す。音読みでは意味が通ぜず、字音仮名遣いも「カウ」となるはずである。「べからず」は、可能「べし」の打消で、「～できない」意。一句全体は「僕《ぼく》を更《か》ふとも未《いま》だ終《つ》くすべからざるなり」（更フトモレ僕ヲ未ダレ可カラ終クス也ル／『礼記』儒行）に基づくのだろう。

7　不可侮　表題に同じく、漢文をそのまま用いた字句。『岩』のように「侮《あなど》るべからざる」（不ルレ可カラレ侮ル）と連体止めにするのも一法だが、今、口調の滑らかさを重んじて「こと」を補読し、試みに「侮るべからざること」（不ルコトレ可カラレ侮ル）と訓じておく。こうした訓読の機微は、一《いつ》に読み手の裁量による。以下、各段落の末尾に見える「不可侮」については、すべて同じ。

〔B2〕支那ノ書籍ノ浩多ナル東方ニ冠タルベシ[1]而[2]メソノ文辞趣味アリテ人々ノ意想ヲ善ク通ズルヲ得[3]外[4]国ノ書ヲ訳スルニモ甚ハタ規則アリテ便利ナリ吾邦日用ノ文字ニテモソノ緊要ナルモノハ漢語ヲ雑ヘザルヲ得ズコノ文字ヲ造リ出スニハ其人民ニ一種思想ノ才アリシヿ見ユ自国ノ語ニ多[5]少ノ滋味アルモノ故容易ニ蟹[6]文ニ遷リ洋習ヲ慕ハザル

支那《しな》の書籍《しよせき》の浩多《かうた》なる、東方《とうはう》に冠《くわん》たるべし。而《しかう》してその文辞《ぶんじ》趣味《しゆみ》ありて、人々《ひとびと》の意想《いさう》を善《よ》く通《つう》ずるを得《え》、外国《ぐわいこく》の書《しよ》を訳《やく》するにも甚《はな》はだ規則《きそく》ありて便利《べんり》なり。吾邦《わがくに》日用《にちよう》の文字《もじ》にても、その緊要《きんえう》なるものは、漢語《かんご》を雑《まじ》へざるを得《え》ず。この文字《もじ》を造《つく》り出《いだ》すには、其人民《そのじんみん》に一種《いつしゆ》思想《しさう》の才《さい》ありしこと見《み》ゆ。自国《じこく》の語《ご》に多少《たせう》の滋味《じみ》あるもの故《ゆゑ》、容易《ようい》に蟹文《かいぶん》に遷《うつ》り洋習《やうしふ》を慕《した》はざるなれど、元来《ぐわんらい》文字《もじ》に賢《かし》こき国《くに》

ナレド[7]元来文字ニ賢コキ国ユヱ数年出ザルニ支那留学ノ書生ハ高等ノ学識ニ進ムモノ陸続トシテ生ズベシ[8]其不可侮二ツ也

ゆゑ、数年《すうねん》出《いで》ざるに、支那《しな》留学《りうがく》の書生《しよせい》は高等《かうとう》の学識《がくしき》に進《すす》むもの陸続《りくぞく》として生《しやう》ずべし。其《その》不《ざルコト》レ可《ベカラ》レ侮《あなどル》二《ふた》つ也《なり》。

1　べし　適当「〜にふさわしい」。あるいは、推量「〜に違いない」とも解せる。

2　而して　順接「そして」。

3　得　『岩』のように終止形「う」で文を終えても、または連用形「え」で切っても、どちらでも差し支えない。今、一案として、後者の連用中止法を採っておく。

4　外国の書を訳するにも甚はだ規則ありて便利なり　今一つ内容が判然としないが、ここに見える「規則」は、おそらく漢文の定型表現すなわち句形の類を指しているのだろう。たとえば、英語の相関語句〈not only...but also...〉を、そのまま漢文の累加形「不唯〜而又…」に当てはめて、「唯《ただ》に〜のみならず、而《しかう》して又《また》…」と翻訳できるような例を念頭に置いているかと思われる。

5　多少　この「多少」は、漢文として「多」に重みを置く偏義複辞で、「多い」意。日本語として「少」に重みをかけ、「少ない」意に解すると、文意が通じない。

6　蟹文　底本「蠏」は「蟹」の異体字。「解」を「鮮」に作るのは、少なからず目にする例である。

7　なれど　和文風に響く言い回し。漢文訓読体では、一般に「なれども」となる。微細な差異ながら、「なれど」は和文要素の混入と見なせるだろう。

8　べし　推量「〜するだろう」。

〔B3〕今韃靼ノ朝トナリ支那ノ有志ノ輩ニテモ[1]自然気力振ハザル姿ニテソノ人民恰カモ[2]麻薬ニ酔ヒ手足動クヿ能ハザル形状ナリ然レ𪜈韃靼ノ麻薬ノ毒去リソノ酔醒ルヿアラバ泗水亭長ヨリ漢高起ルベ[3]ク皇覚寺ノ僧ヨリ明ノ太祖起ルベシ然ルトキハ風雲ニ際会シテ刀筆吏ヨリ蕭何出ツベク屠狗ヨリ樊噲顕ハルベク龍鱗ヲ攀チ鳳翼ニ附テ文臣ニハ劉誠意ノ如キモノ武臣ニハ徐達常遇春ノ如キモノ農氓乞丐市井駔獪ノ[4]中ヨリ突然ト顕ハレ来ルベシ今日上海ニ乞丐ト見ユルモノ[5]安ンソ其中ニ明祖漢高アラサルヲ知ンヤ今日天津ニ賈児ヲ作スモノ安ンソ他日ノ蕭曹劉徐ニ非ルヲ知ンヤ支那本土ノ人ニテ李トカ劉トカイフ名門右族ニシテ大豪傑出テ[6]満清ヲ亡ボジ《ママ》渙然大号ヲ発シ[7]欧米ノ学術技藝ヲ用ヒシメバ[8]二京十八省大ナリト雖𪜈広シト雖𪜈火車汽船電信砲台軍艦立ドコロニ[9]弁ズベシソレカ上ニ[10]民選議院ニテモ設ケ[11]会稽ノ耻ヲ[12]報ヒントセバ我ニ於テハ[13]由々敷[14]大事ナリ其不可侮三也

今《いま》韃靼《だつたん》の朝《てう》となり、支那《しな》の有志《いうし》の輩《はい》にても、自然《しぜん》気力《きりよく》振《ふる》はざる姿《すがた》にて、その人民《じんみん》恰《あた》かも麻薬《まやく》に酔《ゑ》ひ手足《しゆそく》動《うご》くこと能《あた》はざる形状《けいじやう》なり。然《しか》れども韃靼《だつたん》の麻薬《まやく》の毒《どく》去《さ》り、その酔《ゑひ》醒《さむ》ることあらば、泗水亭長《しすいていちやう》より漢高《かんかう》起《おこ》るべく、皇覚寺《くわうかくじ》の僧《そう》より明《みん》の太祖《たいそ》起《おこ》るべし。然《しか》るときは、風雲《ふううん》に際会《さいくわい》して、刀筆吏《たうひつり》より蕭何《せうかい》出づべく、屠狗《とく》より樊噲《はんくわい》顕《あら》はるべく、龍鱗《りゆうりん》を攀《よ》ぢ鳳翼《ほうよく》に附《つき》て、文臣《ぶんしん》には劉誠意《りうせいい》の如《ごと》きもの、武臣《ぶしん》には徐達《じよたつ》・常遇春《じやうぐうしゆん》の如《ごと》きもの、農氓《のうばう》・乞丐《きつかい》・市井《しせい》駔獪《さうくわい》の中《うち》より突然《とつぜん》と顕《あら》はれ来《きた》るべし。今日上海《こんにちシヤンハイ》に乞丐《きつかい》と見《み》ゆるもの、安《いづく》んぞ其中《そのうち》に明祖《みんそ》・漢高《かんかう》あらざるを知《しら》んや!? 今日天津《こんにちテンシン》に賈児《こじ》を作《な》すもの、安《いづく》んぞ他日《たじつ》の蕭《せう》曹《さう》・劉《りう》徐《じよ》に非《あらざ》るを知《しら》んや!? 支那本土《しなほんど》の人《ひと》にて、李《り》とか劉《りう》とかいふ名《めい》門右族《もんいうぞく》にして、大豪傑《だいがうけつ》出《いで》て満清《まんしん》を亡《ほろ》ぼし、渙然《くわんぜん》大号《たいがう》を発《はつ》し、欧米《おうべい》の学術《がくじゆつ》・技藝《ぎげい》を用《もち》ひしめば、二京十八省《にけいじふはちしやう》大《だい》なりと雖《いへ》ども広《ひろ》しと雖《いへ》ども、火車《くわしや》・汽船《きせん》・電信《でんしん》・砲台《はうだい》・軍艦《ぐんかん》、立《たち》どころに弁《べん》ずべし。それが上《うへ》に民選議院《みんせんぎゐん》にても設《まう》け、会稽《くわいけい》の恥《はぢ》を報《むく》ひんとせば、我《われ》に於《おい》ては由々敷大事《ゆゆしきだいじ》なり。其《その》不レ可レ侮《ザルコトベカラあなどル》　三也《さんなり》。

1　自然　副詞で、「自《おの》ずから、当然のことながら」の意。

2　麻薬　清国の一般民衆から活力を奪う物を表す比喩だが、たぶん具体的には阿片《アヘン》を念頭に置いているのだろう。

3　べく　この「べく」から「突然と顕は れ来るべし」までの「べし」は、すべて可能推量「～し得るはずだ、～することがあり得るだろう」の意。単なる推量「～するだろう、～に違いない」と解してもよい。

4　中　漢文訓読では「うち」と訓ずることが多い。熟字訓「就中《なかんづく》」（↑就レ中《キテニ》＝中《なか》に就《つ》きて）から見て、「なか」と読むことも稀ではなかったと思われるが。漢文訓読体でも、不自然に響かないかぎり、「うち」と読んでおくのが無難である。

5　安んぞ～知んや　反語表現。「何んぞ知らんや」（↓〔A7〕注5）に同義。

6　満清　清国を指す。「満洲族が建てた清王朝」の意。

7　欧米の学術・技藝を用ひしめば　二つの解釈が可能であろう。第一は、「しめば」を、使役表現を転用した仮定表現の言い回し（↓132頁）と見なす解釈だ。一般には「NをしてVせしめば」（使《メバ》二N《ヲシテ》V《セ》一）となるが、ここでは、本来「大豪傑をして」と記すべきを、上文「支那本土の人にて……名門右族にして」と響きが重複するのを嫌ったために「をして」が消えてしまい、下方に「用ひしめば」だけが残ったものと見なせるだろう。全体として「（もし）支那本土の人にて……欧米の学術・技芸を用ひしめば」で仮定節を形成する。「用ひしめば」の「しめ」に使役の意味はなく、文意は単に「用ひば」と記すに等しい。動詞「用ひ」の主語は、上文の「大豪傑」である。

第二は、「欧米の」の直前に記すべき使役の対象が省かれたものと見なす解釈だ。たとえば「人民」を補って、「人民をして欧米の学術・技芸を用ひしめば」に作れば、文意は「（その大豪傑が）一般の国民に欧米の学術・技芸を活用させたならば」となり、「（もし）支那本土の人にて」以下は末尾に使役表現が埋め込まれた仮定節と解せられる。この場合、動詞「用ひ」の主語は、省略された「人民」となるわけだ。

果たして、いずれが是か非か。「しめば」と呼応するはずの「Nをして」が見えない以上、今一つ判断がつかない。

上文「渙然大号を発し」との続き具合に鑑みれば、第二の解釈のほうが素直な印象かとは思うが。

8 二京　ここでは、北京《ぺきん》と南京《なんきん》。かつては長安と洛陽を指した語。

9 弁ずべし　「調達できるはずだ、整えるに至るだろう」との意。『岩』の記す「処理する」では、上文とのつながりが悪く、いささか意味がぼやける。「べし」は、可能推量「〜できるだろう」。

10 民選議院にても設け　この「にても」は、「でも」に置き換えれば、現代日本語の感覚ですんなり理解できるだろう。「にて」が縮約されたのが現代日本語の副助詞「で」である。「民選議院」で何かを設けるわけではなく、設ける物の一例が「民選議院」。

11 会稽の恥　ここでは、清国が日本から受けた屈辱。前年の明治七年（一八七四）、日本が台湾に出兵した「征台の役」の結果、日本の主張に屈して、同年十月三十一日の講和会議で互換条款に調印し、賠償金五〇万両《テール》の支払いに応じた国辱を指す。底本「耻」は、たびたび見かける「恥」の異体字。

12 報ひん　ヤ行上二段「報ゆ」の未然形ゆえに、本来は「報いん」と記すべきところ。明治初年当時の不安定な仮名遣いの一例である。

13 由々敷　「敷」は、候文《そうろうぶん》風の当て字。

14 大事　「一大事、大事件」の意。訓読み「おほごと」でも差し支えない。

〔B4〕支那多ク天然ノ産物ヲ出ス是[1]大国ナレバソノ筈[2]ナリ但[3]シ製造ノ品ニ至リテモ百餘年来我邦ニ輸入スルモノ書籍紙筆墨バカリニテモ夥敷[4]ヿナルベシ巻菱湖[5]曰[6]ク日本ノ書家ノ支那ニ及バサルハ必シモ外ニ証ヲ仮ラズ日本ノ筆ヲ製スル工人ノ拙

支那《しな》多《おほ》く天然《てんねん》の産物《さんぶつ》を出《いだ》す。是《これ》大国《たいこく》なれば、その筈《はず》なり。但《ただ》し製造《せいぞう》の品《しな》に至《いた》りても、百餘年来《ひやくよねんらい》我邦《わがくに》に輸入《ゆにふ》するもの、書籍《しよせき》・紙《かみ》・筆《ふで》・墨《すみ》ばかりにても夥敷《おびただしき》ことなるべし。巻菱湖《まきりようこ》曰《いは》く「日本《につぽん》の書家《しよか》の支那《しな》に及《およ》ばざるは、必《かなら》ずしも外《ほか》に証《しよう》を仮《か》らず、日本《につぽん》の筆《ふで》を製《せい》する工人《こうじん》の拙《つた》なきにて知《し》るべ

ナキニテ知ルベシ[7]ト天文筭学ニ至ツテハ支那ノ旧《フル》キ時代ニ於テソノ精微ヲ究メテ有用ノ術トナレリ医薬種樹等ノ法ニ至ツテモ二十年前ノ我邦ハ支那ノ書ヲ以テ指南車トシタリソノ他自国ニテ発明セシ有用ノ器具ノ多キヿ[8]本邦ノ及ブトコロニ非ズ吾ガ友ナル英人ノ言ニ曰ク支那ハ善キ人民ニシテ悪シキ政府ナリトコノ言ニシテ果[9]シテ然ラバ支那ノ政府改タマリテ善カランニハ人民[10]固ヨリ善種ナレバソノ上進センヿ必セリ此其不可侮四也

し」と。天文《てんもん》・算学《さんがく》に至《いた》っては、支那《しな》の旧《ふる》き時代《じだい》に於《おい》てその精微《せいび》を究《きは》めて有用《いうよう》の術《じゆつ》となれり。医薬《いやく》・種樹《しゆじゆとう》等の法《はふ》に至《いた》っても、二十年前《にじふねんぜん》の我邦《わがくに》は支那《しな》の書《しよ》を以《もつ》て指南車《しなんしや》としたり。その他《た》、自国《じこく》にて発明《はつめい》せし有用《いうよう》の器具《きぐ》の多《おほ》きこと、本邦《ほんぱう》の及《およ》ぶところに非《あら》ず。吾《わ》が友《とも》なる英人《えいじん》の言《げん》に曰《いは》く「支那《しな》は、善《よ》き人民《じんみん》にして悪《あ》しき政府《せいふ》なり」と。この言《げん》にして果《はた》して然《しか》らば、支那《しな》の政府《せいふ》改《あら》たまりて善《よ》からんには、人民《じんみん》固《もと》より善種《ぜんしゆ》なれば、その上進《じやうしん》せんこと必《ひつ》せり。此《これ》其《その》不《ざルコト》レ可《ベカラ》レ侮《あなどル》四《し》也《なり》。

1　是　〔A2〕注4を参照。

2　筈　当然の意を表す「はず」に読むのは国訓。和文要素の混入である。漢語としては、矢の末端にあって弦《つる》を受ける矢筈《やはず》の意。

3　但し　かつて漢文訓読では「但《ただ》し」とも訓じていたが、少なくとも近現代の漢文訓読では一般に「但《た》だ」と読み、たとえ「ただし」の意味でも「但《ただ》し」とは読まない。これも和文要素の混入に数えてよかろう。

4　夥敷ことなるべし　「敷」は、〔B3〕注13に同じく、候文《そうろうぶん》風の当て字。「べし」は、推量「〜に違いない」。

5　巻菱湖　新潟市出身の書家で、市河米庵《いちかわべいあん》・貫名海屋《ぬきなかいおく》とともに「幕末の三筆」の一人。諸種の書体を自在に駆使し、門人も数多く、幕末〜明治期の書道界に多大な影響を与えた。将棋の駒として名高い菱湖駒《りょうこごま》も、菱湖の書体による。ただし、以下に引用された菱湖の発言の出典は未詳。管見に入ったかぎり、菱湖自身の著作にも関連諸書にも見当たらない。調査に御協力いただいた「巻菱湖記念時代館」（新潟市東区）副館主の磯島達典氏によれば、「巻菱湖には多数の門人がいたので、筆者の中村正直が菱湖の弟子筋から当該の発言を伝え聞いた可能性もあるのではないか」（二〇一二年三月十四日、同記念館における御教示／文責＝古田島）との由である。おそらく、水筆《すいひつ》を愛用した菱湖が、唐筆（中国製の筆）とは異なり、水筆に向かない和筆（日本製の筆）の製法について不満を募らせた結果の発言かと思われるが、憶測の域を出ない。

6　曰く　「曰く」で引用が開始されたときは、「曰く」に呼応する助詞「と」を下方に探し、必ず引用の終結を確定しておかねばならない。ここでは「……工人の拙なきにて知るべし〔と〕」までが引用の字句である。〔A6〕注1「天外子曰く」の「曰く」のように、発言内容が遠く篇末にまで至るがゆえに呼応する「と」が記されていないのは、文字どおり例外に属する。同様に、「以為《おも》へらく」「吾《われ》之《これ》を聞《き》く」などに続く思考内容や伝聞内容についても、どこで終結するのかを常に確認する習慣を養いたい。

7　べし　可能「〜できる」。

8　本邦の及ぶところに非ず　「ところ」は、動詞「及ぶ」の対象を表す（→〔A2〕注10）。「日本が達する多さではない」→「日本とは比較にならないほど多い」意。

9　果して然らば　「もしその言うとおりであれば」。発言や予想が内容どおりであることを仮定する「果然」の訓読表現「果《シテ》然《ラバ》」。

10　固より　「もともと、言うまでもなく」。〔A7〕注2に同じ。

〔B5〕　吾[1]聞ク魯西亜ノ小児ヲ教[2]ユル課業ノ書ニ曰ク或ル小児アリ支那ヲ馬鹿ニスルヤウナル言ヲ

吾《われ》聞《き》く——魯西亜《ロシア》の小児《せうじ》を教《をし》ゆる課業《くわげふ》の書《しよ》に曰《いは》く「或《あ》る小児《せうじ》あり、支那《しな》を馬鹿《ばか》にするやうなる言《げん》を吐《は》きたる時《とき》、そ

吐キタル時ソノ父コレヲ戒メテ曰ク支那ハ吾ガ師匠ナリシ国ナリ畏[3]ルベクシテ侮トルベカラズイカニトナレバ支那ノ学術器藝ノ開化セシヿハ我邦ヨリ早シ我祖先ノ支那ヨリ益ヲ得タルヿ少ナカラズ今日支那ハ眠リ居ルナレドソレガ目ヲ覚シタラバ畏ルベキ勍敵ナリ努々侮トルヘカラズト[4]甚[5]ハダシイカナ魯西亜人ノ深謀遠慮アルヤ童子ノ時ヨリ動《ヤヽ》モスレハ己ニ劣ル情状ヲ見テコレヲ侮ドル志生ズルハ[6]生利《ナマギヽ》ニナル根源ナリ生利ハ小ハ家ヲ敗リ大ハ国ヲ亡ボス且ツ鄰国ノ悪処ノミヲ見テソノ好処ヲ知ズ妄リニ之ヲ譏ルハ我ヲ怠[7]タラシ彼ヲ怒ラス所[8]以トナリテソノ不智コ[9]レヨリ大ナルハナシ魯[10]西亜ノ支那ニ勝ルヿ万々ナルスラカクノ如キ訓戒アルヲ魯[11]衛之政ハ兄弟ナリ吾邦ニテ彼ヲ見下《クダ》シテ可ナランヤ其不可侮五ナリ

の父《ちち》 これを戒《いまし》めて曰《いは》く〈支那《しな》は吾《わ》が師匠《ししやう》なりし国《くに》なり。畏《おそ》るべくして侮《あな》どるべからず。いかにとなれば、支那《しな》の学術《がくじゆつ》・器藝《きげい》の開化《かいくわ》せしことは、我邦《わがくに》より早《はや》し。我祖先《わがそせん》の支那《しな》より益《えき》を得《え》たること少《すく》なからず。今日《こんにち》 支那《しな》は眠《ねむ》り居《を》るなれど、それが目《め》を覚《さま》したらば、畏《おそ》るべき勍敵《けいてき》なり。努々《ゆめゆめ》 侮《あな》どるべからず〉」と。甚《はな》はだしいかな、魯西亜人《ロシアじん》の深謀遠慮《しんぼうゑんりよ》あるや！ 童子《どうじ》の時《とき》より、動《やや》もすれば己《おのれ》に劣《おと》る情状《じやうじやう》を見《み》て これを侮《あな》どる志《こころざし》 生《しやう》ずるは、生利《なまぎき》になる根源《こんげん》なり。生利《なまぎき》は、小《せう》は家《いへ》を敗《やぶ》り、大《だい》は国《くに》を亡《ほろ》ぼす。且《か》つ隣国《りんごく》の悪処《あくしよ》のみを見《み》て その好処《かうしよ》を知《しら》ず 妄《みだ》りに之《これ》を譏《そし》るは、我《われ》を怠《おこ》たらし彼《かれ》を怒《いか》らす所以《ゆゑん》となりて、その不智《ふち》 これより大《だい》なるはなし。魯西亜《ロシア》の支那《しな》に勝《まさ》ること万々《ばんばん》なるすら かくの如《ごと》き訓戒《くんかい》あるを、魯《ろ》・衛之政《ゑいのまつりごと》 は兄弟《けいてい》なり、吾邦《わがくに》にて彼《かれ》を見下《みくだ》して可《か》ならんや!? 其不レ可レ侮《そのざルコトベカラあなどル》 五《ご》なり。

1　吾聞く　常用される伝聞表現。「(吾〔我〕) 之《これ》を聞《き》く〔聞けり〕」などとも記し、伝聞の内容は下文に示されるため、〔B4〕注6「曰《いは》く」に準じて、伝聞内容の終結を示す助詞「と」を下文に探す。ここでは、ロシアの幼児教育の一《ひと》齣《こま》を紹介する「……努々侮どるべからず〔と〕」までが伝聞の内容。

2　教ゆる　歴史的仮名遣いは「教ふる」。〔B3〕注12と同じく、当時の仮名遣いの不安定さを示す一例である。

3　畏るべくして侮どるべからず　「べく」は適当「〜するに値する」意の「べし」。「べからず」は、許可「〜してよい」意の「べし」の打消で、禁止「〜してはいけない」意を表す。

4　と　上文の「吾聞く」「課業の書に曰く」および「戒めて曰く」の三者が導く伝聞・引用・発言の内容が、すべてこの「と」によって終結する。

5　甚はだしいかな〜あるや　漢文における感嘆文の典型「〜哉《かな》…也《や》」を応用した字句。「甚《ダシイ》哉、魯西亜人《ノ》有《ル》二深謀遠慮一也」の訓読表現と考えればよい。

6　生利　底本のルビ「ナマギ、」のおかげで、ただちに和文要素の混入だとわかるが、もしルビがなければ、漢語「生利《せいり》」が存在するため、「利《り》を生《しやう》ず」（生《ズ》レ利《ヲ》）なぞと訓読し、何とか解釈を捻《ひね》り出そうと虚しい努力をしかねまい。「生聞《なまぎ》き」を当て字で「生利」と表記しているこの種の漢字語（実は和語）には、常に最大級の警戒が必要である。いったん慣れてしまえば、むしろ訓読表現のほうが対処しやすい。

7　怠たらし……怒らす　使役表現。使役の助動詞として「す」を用いているが、純粋な漢文訓読体ならば、「しむ」を用いて、「怠たらしめ……怒らしむ」と記すところ。この「す」も和文要素の混入である。誤って解釈する可能性は皆無だが。

8　所以　ここでは①「原因・理由」を表す。〔A1〕注10を参照。

9　これより大なるはなし　「莫《シ》レ大《ナルハ》二於φ此《ヨリ》一」の訓読表現。英語に直訳すれば〈Nothing is greater than this.〉となろう。比較級を用いた最上級の表現である。

10　魯西亜の支那に勝ること万々なる　「万々」の読み「ばんばん」は漢音。『岩』の「まんまん」は呉音である。どちらで読んでも差し支えない。ただし、『岩』は、もと「万万」が数量「きわめて多い数」を表すことから、転じて様態「種々様々であること」と説くが、私見では、「勝《まさ》ること」に下接している点から見て、「勝る」程度を強調する

「はるかに」の意に解したい。程度の差異を強調する「万々」には、次のような例がある。

・此レ乃チ孝成皇帝ノ至思、所三以ナリ万二万ナル於群臣ニ一（『漢書』外戚伝下・孝成趙皇后）

＝此《こ》れ乃《すなは》ち孝成皇帝《かうせいくわうてい》の至思《しし》、群臣《ぐんしん》に万万《ばんばん》なる所以《ゆゑん》なり。

＊「至思」は、きわめて深い考え。

・夫人ノ通二ジ孝経論語ニ一及ブハ三渉二猟スルニ史伝ヲ一、趣向ノ絶二出スルコト流俗ニ一万万ナリ（〔明〕宋濂「故賢母熊夫人碣」）

＝夫人《ふじん》の『孝経《かうきやう》』『論語《ろんご》』に通《つう》じ史伝《しでん》を渉猟《せふれふ》するに及《およ》ぶは、趣向《しゆかう》の流俗《りうぞく》に絶出《ぜつしゆつ》すること万万《ばんばん》なり。

＊「趣向」は、心がけ。

前者は「皇帝の考えの深さは、並みいる臣下たちの考えよりもはるかにすぐれていた」との意。後者は「夫人の志が、世間の俗人たちとは懸け離れて傑出していた」ことをいう。ここでは、特に後者の訓読「趣向の流俗に絶出すること万万なり」が参考になろう。要するに、ロシアは支那を「さまざまな点で上回る国家である」意ではなく、「はるかに上回る国家である」との意に解するわけだ。「さまざまな点で上回る国家」なればこそ、結果として「はるかに上回る国家」になるはずであるから、両者に大きな相違があるわけではないけれども。

ちなみに、「勝《まさ》る」は一見「勝《すぐ》る」とも読めそうだが、四段活用「まさる」とは異なり、下二段活用「すぐる」ならば、連体形が「勝《すぐ》るること」となるため、ここでは不適。もっとも、当時の送り仮名が甚だ不安定であることを想えば、筆者の中村正直が「勝《すぐる》ること」のつもりで記した可能性も零《ゼロ》ではない。

11 魯衛之政は兄弟なり　孔子の言「魯《ろ》・衛《ゑい》の政《まつりごと》は兄弟《けいてい》なり」（魯衛之政ハ兄弟也／『論語』子路）をそのまま用いた一句。「魯国＝兄＝支那、衛国＝弟＝日本」と整理できる。「弟分の日本は（ロシアとは異なり）しょせん兄貴分の支那と似た者どうし」との意。

なお、『岩』は「ものの似ていて甲乙つけがたいことのたとえ」と説くが、「甲乙つけがたい」は優秀な二者についていうのが一般ではなかろうか。ここでは「ロシアに比べれば、日本も支那も格段に劣弱な国家にすぎない」との文脈であるため、「甲乙つけがたい」ではなく、「ドングリの背比べ」とでも説くほうが適切であろう。

〔B6〕前日日支ノ事アリシ時李鴻章[1]オモヘラク今若シ戦ヲ交ヘバ英仏必ズ休兵ノ事ヲ迫ル[2]ベシ他国ニ迫ラレテ休兵スルハ其恥更ニ甚シト[3]因テ大国ヲ以テ小国ニ屈シ償金ヲ以テ事ヲ済《スマ》スハソノ度量弘大ニシテ裁決ノ善《ヨキ》ヲ知ルニ足レリ且ツ我国ニハ洋人数名ノ帷幕ニ参スルモノアリテ自国ノ人ノミニハ非ズ彼ハ英公使威妥瑪《ウエードトマス》ノ助アリシカハ知ザレドモ日本ヲ以テ夷狄視スルノ旧套ヲ脱然トシテ去リ礼貌ヲ以テ之ヲ待遇スル等ノ事ソ[4]ノ中真[5]ニ[6]自《ヲノ》ツカラ測ルベカラサルモノアリ其不可侮六ナリ

前日《ぜんじつ》日支《につし》の事《こと》ありし時《とき》、李鴻章《りこうしやう》おもへらく〈今《いま》若《も》し戦《いくさ》を交へば、英仏《えいふつ》必《かなら》ず休兵《きうへい》の事《こと》を迫《せま》るべし。他国《たこく》に迫《せま》られて休兵《きうへい》するは、其恥《そのはぢ》更《さら》に甚《はなは》だし〉と。因《より》て大国《たいこく》を以《もつ》て小国《せうこく》に屈《くつ》し、償金《しやうきん》を以《もつ》て事《こと》を済《すま》すは、その度量《どりやう》弘大《こうだい》にして、裁決《さいけつ》の善《よき》を知《し》るに足《た》れり。且《か》つ我国《わがくに》には洋人数名《やうじんすうめい》の帷幕《ゐばく》に参《さん》するものありて、自国《じこく》の人《ひと》のみには非《あら》ず。彼《かれ》は英公使《えいこうし》威妥瑪《Thomas Wade》の助《たすけ》ありしかは知《しら》ざれども、日本《につぽん》を以《もつ》て夷狄視《いてきし》する旧套《きうたう》を脱然《だつぜん》として去《さ》り、礼貌《れいばう》を以《もつ》て之《これ》を待遇《たいぐう》する等《など》の事《こと》、その中《うち》真《まこと》に自《おの》づから測《はか》るべからざるものあり。其《その》不レ可レ侮《ざルコトベカラあなどルろく》六なり。

1　おもへらく　〔B4〕注6の「曰《いは》く」に準じて、思考内容の終結を示す助詞「と」を下文に探す。ここでは「……其恥更に甚し〔と〕」までが思考の内容。

2　べし　推量「～に違いない」。

3　因て　「そこで」。単独で用いる「因《より》て」は、因果関係を示す意味合いが薄く、ほぼ「乃《すなは》ち」（→〔A1〕注15）に同じで、上文の事態を受けて、下文の事態に接続する語。「因《よつ》て」と促音便に読むも可。

4 その中 「その心のなか」すなわち「李鴻章の心中」の意。

5 真に 『岩』のごとく「真《しん》に」と音読みするも可。

6 自づから測るべからざるもの 「(日本人が)そのままずんなりとは推察できない心の動き」すなわち「容易には測り知れない度量の大きさ」をいう。底本に見える「自」のルビ「自《ヲノ》ツカラ」は、歴史的仮名遣いでは「おのづから」。「べからざる」は、可能「べし」の打消で、「〜できない」意。

〔B7〕今[1]我邦ノ開化ハ外人ニ開化セラレタルニテ自国ノ自力ヲ以テ進歩シタルニ非ズ外人ヲ用フルニハ非ズシテ外人ニ用ヒラル、有様ナリ不相当ノ給料ヲ以テ外人ヲ雇ヒ諸省ノ中ニハ之ニ由テ己《オノレ》カ責ヲ軽クスル有様モアル位ナリ支那[2]ヲシテ欧米ヲ学ハシメハ或ハソノ見識之ヨリ過ルモノアリテ外[3]人ノ奇貨トセラレザルモ知ルヘカラズ今[4]我モシ欧米ノ一分ヲ得タル心持ニナリテ支那ヲ卑視セハ恰カモ人ノ美服ヲ借リ着テ悪衣ノ人ヲ卑シムガ如シ有[5]識者ニ笑ハレザルモノアランヤ其不可侮七也

今《いま》我邦《わがくに》の開化《かいくわ》は、外人《ぐわいじん》に開化《かいくわ》せられたるにて、自国《じこく》の自力《じりき》を以《もつ》て進歩《しんぽ》したるに非《あら》ず。外人《ぐわいじん》を用《もち》ふるには非《あら》ずして、外人《ぐわいじん》に用《もち》ひらるる有様《ありさま》なり。不相当《ふさうたう》の給料《きふれう》を以《もつ》て外人《ぐわいじん》を雇《やと》ひ、諸省《しよしやう》の中《うち》には之《これ》に由《より》て己《おのれ》が責《せめ》を軽《かる》くする有様《ありさま》もある位《くらゐ》なり。支那《しな》をして欧米《おうべい》を学《まな》ばしめば、或《あるい》はその見識《けんしき》之《これ》より過《すぐ》るものありて、外人《ぐわいじん》の奇貨《きくわ》とせられざるも知《し》るべからず。今《いま》我《われ》もし欧米《おうべい》の一分《いちぶん》を得《え》たる心持《こころもち》になりて支那《しな》を卑《ひ》視《し》せば、恰《あた》かも人《ひと》の美服《びふく》を借《か》り着《き》て悪衣《あくい》の人《ひと》を卑《いや》しむが如《ごと》し。有識者《いうしきしや》に笑《わら》はれざるものあらんや!? 其《その》不《ざルコト》レ可《ベカラ》レ侮《あなどル》七《しち》也《なり》。

1 今 「さて、ところで」。文頭で、話題の転換を表す語。具体論・個別論を開始するときに用い、眼前の事実について論評を加える。この用法の「今」に、現在という時点を指し示す意味合いは薄い。

2　支那をして欧米を学ばしめば　使役表現が仮定表現に転用された言い回し（↓132頁）。見かけは使役形「支那《しな》をして欧米《おうべい》を学《まな》ばしめば」（使㆔支那《ヲシテ》学《バ》㆓欧米《ヲ》㆒《メバ》）だが、実は仮定形「使《も》し支那《しな》欧米《おうべい》を学《まな》べば」（使《シ》支那学㆓欧米《ヲ》㆒《ベバ》）の意。字面《じづら》どおり使役の助動詞「しむ」にかかずらうことなく、端的に「もし支那が欧米に学んだとすれば」と解釈する。使役に解釈すると、「支那に欧米を学ばせれば」となり、だれが「支那に欧米を学ばせ」るのか、使役する主体がわからなくなってしまう。敵国の立場にある日本が「支那に欧米を学ばせ」るのでは、甚だ奇妙な話だ。

3　外人の奇貨とせられざるも知るべからず　二重否定表現。二つの否定辞すなわち打消「ざる」と「ず」が相殺《そうさい》され、否定《マイナス》×否定《マイナス》＝肯定《プラス》、つまり「外人の奇貨とせらるるを知るべし」の意になると理解すればよい。「奇貨」は「珍しい品」。『岩』の「思いがけない利益」は、成語「奇貨《きか》居《お》くべし」（奇貨可㆑居《シク》／『史記』呂不韋伝）を念頭に置いての解釈であろう。「珍しい品」が、結果として「思いがけない利益」をもたらすわけだ。「西洋人にとって珍重すべきもの（＝思いがけない利益）となる可能性もある」意。

4　今　「もし、仮に」の意。文頭で、仮定を表す。直後の「もし」は、仮定表現の念押しと受け取れよう。この用法の「今」も、現在という時点を指し示す意味合いは薄い。ただし、右の注1に同じく、話題の転換を表す「今」とも解せられる。

5　有識者に笑はれざるものあらんや　反語表現。〔A6〕注17や〔A7〕注5と異なり、疑問詞「豈《あに》」「何《いづ》んぞ」などがないので、便宜上、反語の言い回し「んや」を否定辞「不」に読み換え、文中の否定辞すなわち打消の助動詞「ざる」と相殺して、否定《マイナス》×否定《マイナス》＝肯定《プラス》、つまり「有識者に笑はるるものあらん」に同義と理解すればよい。「有識者に笑われないですむものがあろうか（いや、ない。きっと有識者に笑われてしまうことだろう）」との意。

〔B8〕諺ニ曰ク各人[1]自《ミツ》カラ門前ノ雪ヲ払ヘ他人瓦上ノ霜ニ管スル勿レト今[2]ヨリ後自国ノ事ヱ[3]着眼

――――

諺《ことわざ》に曰《いは》く「各人《かくじん》自《みづ》から門前《もんぜん》の雪《ゆき》を払《はら》へ、他人《たにん》瓦上《ぐわじやう》の霜《しも》に管《くわん》する勿《なか》れ」と。今《いま》より後《のち》自国《じこく》の事《こと》へ着眼《ちやくがん》し、自《みづ》から

シ自《ミツ》カラソノ不足ヲ知テ汲々[4]自[5]カラ治メハ外ヲ顧ミルニ暇ナカルベ[6]シイ[7]ハンヤ敢テ他国ヲ侮ドリテ可ナランヤ

その不足《ふそく》を知《し》りて、汲々《きふきふ》自《みづ》から治《をさ》めば、外《ほか》を顧《かへり》みるに暇《いとま》なかるべし。いはんや敢《あへ》て他国《たこく》を侮《あな》どりて可《か》ならんや!?

1　各人自から門前の雪を払へ他人瓦上の霜に管する勿れ　「自分のことさえきちんとやっていればよい、他人のことに余計なお節介を焼くな」の意。復文すれば「各人自《ラ》掃《ヘ》二門前《ノ》雪《ヲ》一、勿《レ》レ管《スル》二他人《(ノ)》瓦上《ノ》霜《ニ》一」となる。中国は元代に生まれた諺かと推定され、上句の「門」が「檐」、下句の「他人」が「他家」、「瓦上」が「屋上・屋瓦」、「勿」が「莫・休・不」になるなど、俗諺ゆえに字遣いは一定しない。

2　今より後　「今後《こんご》」の訓読表現「今《ヨリ》後」。

3　へ　漢文訓読では、一般に格助詞「へ」を嫌い、「に」を好む。この「へ」は、漢文訓読体ゆえの和文要素の混入と見てよかろう。あるいは、底本「ヱ」は「ニ」の誤植である可能性が高いかもしれない。

4　汲々　下文の動詞「治め」に掛かる様態副詞。上文「自からその不足を知て」に付く語ではない。

5　自から治めば　「自治《じち》」の訓読表現「自《ラ》治《ム》」。「自分で自分を治めるならば」すなわち「(外国人の助けを借りることなく) 日本人自身の手で日本国内の政治を切り盛りしてゆくとすれば」の意。「自」は特殊な語で、文法上、「自分で」を意味する副詞として直後の動詞を修飾すると同時に、意味上、その動詞の目的語「自分を」の意をも兼ね、「自分で自分を〜する」意になることがある。例に「自愛・自戒・自虐・自殺・自信・自制・自律」など。

6　べし　推量「〜はずである」。

7　いはんや敢て他国を侮どりて可ならんや　抑揚形「況《いは》んや〜をや」に反語表現「敢《あ》へて〜んや」が埋め込まれたため、末尾の「をや」が消えた字句である。「敢て」は、「思い切って、自ら進んで」。「可」は、許可「よい、差し支えない」意。全体で「ましてや、どうして進んで他国を見下すことが許されようか (いや、許されまい)」との意味になる。

〈付録〉明治三十八年（一九〇五）十二月二日「官報」第六七二八号

文部省告示 第百五十八号「文法上許容スベキ事項」 文部大臣 久保田譲

＊全一六項より四項を左に抜粋した。原文は、句読点を欠く漢字片仮名交じり文。
＊文中の「連体言」「終止言」は、それぞれ「連体形」「終止形」の意。

三 過去の助動詞の「き」の連体言の「し」を終止言に用ゐるも妨なし。
例・火災は二時間の長きに亘りて鎮火せざりし。
・金融の静謐なりし割合には金利の引弛を見ざりし。

七 「得しむ」といふべき場合に「得せしむ」と用ゐるも妨なし。
例・最優等者にのみ褒賞を得せしむ。
・上下貴賤の別なく各其地位に安んずることを得せしむべし。

九 てにをはの「の」は動詞・助動詞の連体言を受けて名詞に連続するも妨なし。

例・花を見るの記
・学齢児童を就学せしむるの義務を負ふ。
・市町村会の議決に依るの限りにあらず。

十五　てにをはの「も」は誤解を生ぜざる限りに於て「とも」或は「ども」の如く用ゐるも妨なし。

例・何等の事由あるも（ありとも）議場に入ることを許さず。
・期限は今日に迫りたるも（たれども）準備は未だ成らず。
・経過は頗る良好なりしも（しかども）昨日より聊か疲労の状あり。

誤解を生ずべき例
・請願書は会議に付するも（すとも・すれども）之を朗読せず。
・給金は低きも（くとも・けれども）応募者は多かるべし。

あとがき

本書の第一・二・五章は、書き下ろし。第三・四章は、すでに発表した左の拙文を改訂したものである。

▽第三章

・漢文訓読表現の陥穽――『米欧回覧実記』第四一～五四巻を素材として

明星大学青梅校日本文化学部共同研究論集第二輯『表現――目的と手段――』〔編集責任者〕小堀桂一郎、明星大学日本文化学部、一九九九年三月)

・『米欧回覧実記』を読むために――漢文訓読表現の難しさ

米欧回覧の会〔編〕『岩倉使節団の再発見』(思文閣出版、二〇〇三年三月)

▽第四章

・福沢諭吉の文章と漢文訓読――『文明論之概略』を素材として〔講演筆録〕

《福沢諭吉年鑑》24、一九九七年十二月

・使役か仮定か――福沢諭吉『文明論之概略』の仮定表現

東大比較文学会《比較文学研究》第七三号、一九九九年二月

久米邦武『米欧回覧実記』(岩波文庫)が全五冊から成るにもかかわらず、もっぱら第三冊すなわち『米欧回覧実記』(三)のフランス・ベルギー・オランダ・プロシア篇だけを素材としていることに奇異の感を抱く向きもあろう

が、英訳版『米欧回覧実記』*The Iwakura Embassy 1871–73*, The Japan Documents（日本文献出版）, 5 vols., 2002, Tokyo. が刊行されるに当たり、たまたま当該第四一〜五四巻（vol. III Continental Europe, 1）の英文校閲役を務める機会に恵まれたため、そこに見える訓読表現について認識を新たにすることとなったのが理由である。全五冊のあちらこちらから字句が引かれるよりも、特定の一冊だけから例文が示されるほうが、学習者にとってもはるかに便利に違いない。わずか一冊とはいえ、全巻に通底する重要な訓読表現は、あらかた覆えているものと思う。

なお、本書が論述の対象外とした場合が二つある。

第一は、一般の訓読方式を逸脱した訓法の場合だ。「既にして」（既而《ニシテ》《φ》）の「而」をも訓じて「既にして而して」としたり（↓171頁／〈A2〉注9）、「〜するが如し」の「が」が消えて「〜する如し」となったりする（↓180頁／〈A6〉注3）くらいならば、訓法の差異と称して片付けるまで。さしたる問題にはならない。しかし、訓法の差異ではすまぬ場合もある。たとえば、「以是」は「是《これ》を以《もつ》て」（以《テ》レ是《ヲ》）、「是以」は「是《ここ》を以《もつ》て」（是《ヲ》以《テ》）と区別する（↓16頁）のが標準の訓読だが、両者を区別せず、一律に「是《これ》を以《もつ》て」と読んでしまう訓法もある。しかも、いずれも「是《これ》を以《もつ》て」と訓読しておきながら、両者をそのまま同じ意味に扱う流儀があるかと思えば、訓読は同一なものの、解釈については原文が「是以」か「以是」かで区別する流儀もあるとなれば、《原文不在原理》をかこつ漢文訓読体としては、どうにも手の着けようがない。せめて「是以」については「是《こ》の以《ゆゑ》に」（是《ノ》以《ニ》）とでも訓じてくれれば話は別だが、書き手が「是以」も「以是」も等し並みに「是《これ》を以《もつ》て」と読むような訓法の持ち主であれば、もはや「是」は「ここ」か「これ」かの議論そのものが成り立たないのである。両者に区別を設けない訓法を目にしたければ、一例として『墨子』上（明治書院《新釈漢文大系》50、一九七五年）三三七・三三八頁（巻八「明鬼」下）を御覧いただきたい。二度にわたって現れる「是以天下乱」を、明確に「是《これ》を以《もつ》て天下《てんか》乱《みだ》る」と読み仮名を付けて訓読している。同じシリーズの『易経』上（明治書院《新釈漢文大系》23、一九八七年）一三五頁（「乾」卦）には、「〈是以〉（ここを以て）は、〈そこで〉の意を表す接続詞であり、〈以㆑是〉（これを以て）とは異なる」と明記されているのだが。

第二は、そもそも書き手自身が訓読表現を誤解している場合である。たとえば、「すでにして」（→116頁）を「まもなく、しばらくして」と理解せず、単に「すでに」の強調形と誤解して漢文訓読体を綴っていたとすれば、已《や》んぬるかな、本書の内容はまったくの空振りに終わってしまうだろう。実際、通常の日本語の語感としては「すでにして」を「すでに」の強調形として用いることも可能な以上、もし「まもなく、しばらくして」の意に非ざる「すでにして」が現れたとすれば、それはそれとして受け容れるしかない。たぶん、そのような「すでにして」が漢文訓読体に姿を現す可能性はきわめて低いと思うけれども。

本書が史学の徒を主たる読者に想定しながら、『国史大辞典』（吉川弘文館）の名すら見えぬことに疑念を抱く向きもあるかもしれない。しかし、史学の訓練は専門の研究者各位の指導に委ね、近代史学の一大前提たる漢文訓読体の読解要領を説明するのが本書の趣旨にほかならない。大学の教室その他で、ただちに史学そのものの内容に足を踏み入れていただけるよう、漢文訓読体の説明を以て御膳立《おぜんだ》てに及ぶことこそが本書の役割と心得る。入門書としての性格上、また紙幅の関係上、次々に漢文を並べ立て、あれこれ煩瑣な解説を加えることは避けざるを得なかった。それだけに、厳密さに欠ける部分も稀《まれ》ではないだろう。けれども、少なくとも漢文訓読体の原理と実態、および読解の基礎的な注意点は、全五章を通じて十全に理解してもらえるものと考える。

漢文訓読体とは、せいぜい一百数十年前の知識人たちが操っていた文体にすぎない。その読解について本書のような解説書が必要になること自体、現今の日本人の甚だ頼りない教養の在り方を示しているとも言えるだろう。本書によって、日本語の一角を占める漢文訓読という重要な言語現象が再認識され、日本の教育界が漢文教育の体制整備に向かって動き出すことを願って已《や》まない。果たして、今日の日本人は、漢文の素養を捨てて顧みなくなった分だけ、英語から実りある教養を汲み取っているだろうか。

本書の執筆にさいしては、補説1で紹介した書籍をはじめ、先学の著書・論文などから無数の教示を辱《かたじけな》くしている。本書の性格上、長々と参考文献を書き連ねるのも気が退《ひ》けるため、ここにまとめて謝辞を述べることで御寛恕を願いたい。

吉川弘文館の宮川久氏から本書の執筆依頼を受けて以来、すでに八年の時が経過した。種々の理由にならぬ理由で成稿が大幅に遅延したことを深くお詫びする。

平成二十五年三月十二日

著者　誌

索　　引

凡　　例

◇本索引は次のA・B・Cの三種から成る。

A【語彙索引】pp. *i–vii*

1《仮名索引》pp. *i–iv*

2《漢字索引》pp. *iv–vii*

B【事項索引】pp. *vii–ix*

C【人名・書名等索引】pp. *ix–x*

◇索引の対象範囲は第一〜五章（各章冒頭の前言を含む）および補説1・2、ならびに「あとがき」である。ただし、著者の恣意によって省略した項目もある。

◇A【語彙索引】の1《仮名索引》は五十音順、2《漢字索引》は漢字音の五十音順とし、いずれも現代仮名遣いを原則として排列した。

・1《仮名索引》においては、書中の仮名遣いに鑑み、歴史的仮名遣いにも配慮する。

・2《漢字索引》における漢字音は、漢音を原則とするが、日本語における慣用その他を勘案し、漢字によっては呉音で立項した。

例：今　○呉音「コン」　×漢音「キン」
　　上　○呉音「ジョウ」×漢音「ショウ」
　　二　○呉音「ニ」　　×漢音「ジ」
　　無　○呉音「ム」　　×漢音「ブ」
　　妄　○呉音「モウ」　×漢音「ボウ」
　　勿　○呉音「モチ」　×漢音「ブツ」
　　唯　○呉音「ユイ」　×漢音「イ」

ただし、呉音・漢音の両者で採った語句もある。

例：人間　○呉音「ニンゲン」　○漢音「ジンカン」

◇太字の数字は、特に当該項目について詳述したページを意味する。

◇図表については、「目次」末尾の「図表目次」を御参照いただきたい。

A【語彙索引】

1《仮名索引》

あ　行

か　行

さ　行

た　行

な　行

は　行

ま　行

や　行

ら　行

わ　行

符　号

2《漢字索引》

ア　行

カ　行

サ　行

タ　行

ナ　行

ハ　行

マ　行

B【事項索引】

C【人名・書名等索引】

あ 行

か 行

さ 行

た 行

な 行

は 行

ま　行

や　行

ら　行

著者略歴

一九五七年、横浜市に生まれる
一九八一年、東京大学文学部フランス語フランス文学科卒業
一九八九年、東京大学大学院比較文学比較文化博士課程単位取得満期退学
現在、明星大学人文学部教授

〔主要著書〕
ジョナサン・スペンス『マッテオ・リッチ記憶の宮殿』（翻訳、平凡社、一九九五年）
『鷗外歴史文学集』第十二・十三巻「漢詩」上・下（注釈、岩波書店、二〇〇〇・二〇〇一年）
『大正天皇御製詩の基礎的研究』（明徳出版社、二〇〇五年）
『漢文訓読入門』（共著、明治書院、二〇一一年）
『これならわかる漢文の送り仮名』（新典社、二〇一二年）
『これならわかる復文の要領』（新典社、二〇一七年）

日本近代史を学ぶための 文語文入門
——漢文訓読体の地平——

二〇一三年（平成二十五）九月一日　第一刷発行
二〇二五年（令和　七　）四月一日　第七刷発行

著　者　古《こ》田《た》島《じま》洋《よう》介《すけ》

発行者　吉川道郎

発行所　株式会社　吉川弘文館
郵便番号一一三―〇〇三三
東京都文京区本郷七丁目二番八号
電話〇三―三八一三―九一五一（代）
振込口座〇〇一〇〇―五―二四四番
https://www.yoshikawa-k.co.jp/

印刷＝株式会社 理想社
製本＝ナショナル製本協同組合
装幀＝伊藤滋章

ISBN978-4-642-08093-4